Maravillas

MI LIBRO DE LECTURA Y ESCRITURA

McGraw Hill

COVER: Nathan Love, Erwin Madrid

mheducation.com/prek-12

McGraw Hill

Send all inquiries to:
McGraw-Hill Education
Two Penn Plaza
New York, New York 10121

ISBN: 978-0-07-702834-3
MHID: 0-07-702834-1

Printed in the United States of America.

9 LON 25 A

¡Bienvenidos a Maravillas!

Lee textos apasionantes de **Literatura**, **Ciencias** y **Estudios Sociales**.

- ★ **APRENDE** acerca del mundo que te rodea.
- ★ **PIENSA**, **HABLA** y **ESCRIBE** sobre géneros literarios.
- ★ **COLABORA** en charlas e investigaciones.
- ★ **¡EXPRÉSATE!**

my.mheducation.com

Con tus datos de acceso podrás leer textos, practicar gramática y ortografía, explorar proyectos de investigación y mucho más.

UNIDAD 4

GÉNERO 1 FICCIÓN REALISTA

Recursos digitales Consulta este libro electrónico y otros recursos en **my.mheducation.com**

GÉNERO 2 TEXTO EXPOSITIVO

CIENCIAS

Presselect/Alamy

UNIDAD 4

GÉNERO 3 POESÍA

CONCLUSIÓN DE LA UNIDAD

CIENCIAS

LO QUE APRENDISTE

AMPLÍA LO QUE APRENDISTE

EVALÚA TU PROGRESO

Coméntalo

Pregunta esencial

¿Cuáles son las diferencias entre los niños del mundo?

COLABORA

Este juego se llama críquet. Se juega en muchos países. Es un juego en el que participan dos equipos. Para anotar, hay que golpear la pelota con un bate y correr al otro extremo del campo.

Comenta lo que ves en la foto. Piensa en juegos que sean importantes en tu cultura. ¿En qué se parecen y en qué se diferencian del críquet? Escribe tus ideas en la tabla.

ESTUDIOS SOCIALES

Semejanzas	Diferencias

Floresco Productions/Corbis

LECTURA COMPARTIDA

TOMA NOTAS

Observa el título y las ilustraciones. Escribe una predicción acerca de lo que ocurrirá en el cuento.

____

____

____

A medida que leas, toma nota de:

Palabras interesantes ____________

____

____

Detalles clave ____________

____

____

____

¡Feliz Año Nuevo!

Pregunta esencial

¿Cuáles son las diferencias entre los niños del mundo?

Lee sobre una niña que celebra Año Nuevo en Estados Unidos y en China.

Yo celebré el Año Nuevo dos veces en un año. ¿**Te preguntas** cómo? Lo celebré en Estados Unidos y después en China.

El 31 de diciembre, nuestra ciudad organizó un festejo para recibir el Año Nuevo. El festejo comenzó con un **desfile**. Una banda tocó música, y yo me hice pintar la cara como un león. Luego observé a un hombre que esculpía figuras de animales en hielo. ¡Estábamos **rodeados** de diversión!

Justo antes de la medianoche, todos fuimos al parque. La multitud hizo la cuenta regresiva de los últimos segundos del año viejo. Luego llegó mi parte **favorita**, lo que más me gusta. ¡Pum! ¡pum! ¡pum! Los fuegos artificiales explotaron como una lluvia de luces que se desparramaban por el cielo.

BUSCAR EVIDENCIAS

Leer

Párrafo 1

Punto de vista

Encierra en un cuadrado el pronombre que indica que el cuento está en primera persona.

Párrafo 2

Visualizar

Escribe dos detalles que expliquen por qué la niña dice "¡Estábamos rodeados de diversión!".

____

____

____

Releer

Técnica del autor

¿Cómo te ayuda el autor a entender cómo suenan los fuegos artificiales?

LECTURA COMPARTIDA

BUSCAR EVIDENCIAS

Leer

Párrafo 1

Símiles

Encierra en un círculo las palabras que usa la niña para describir los aviones que atraviesan el océano.

Párrafo 2

Comparar y contrastar

¿Qué dos cosas de la víspera de Año Nuevo en Estados Unidos también suceden en China?

Releer

Técnica del autor

¿Por qué incluye el autor una descripción de la cena familiar en la víspera de Año Nuevo?

Después, mi familia tomó un avión a China. Los aviones son enormes y **viajan** por el cielo atravesando el océano como ballenas entre nubes. Celebramos el Año Nuevo con mi abuela. Este festejo es diferente al de Estados Unidos. Dura quince días, no solamente una noche. Cuando llegamos, mi abuela me sorprendió con ropa roja nueva. Dijo que traía buena suerte.

En la víspera de Año Nuevo, fuimos a la casa de mi abuela. Aprendí muchas **costumbres** chinas interesantes. Por ejemplo, es **común** hacer una cena familiar que incluye deliciosos *dumplings*. Luego salimos a ver el gran desfile. Al final, ¡un arcoíris de petardos explotó en el cielo!

Más tarde esa semana, vimos bailar al león chino. Yo nunca había visto algo así. Cada pareja de bailarines tenía un llamativo **disfraz** de león hecho de tela amarilla como el sol. ¡Los bailarines saltaban por el aire y hacían trucos increíbles!

El último día del Año Nuevo fuimos al Festival de la Linterna. La luna llena colgaba como un globo en el cielo oscuro. Todos hicieron linternas de papel que iluminaron la noche.

Las dos celebraciones fueron diferentes. Y al mismo tiempo eran iguales. ¡Ambas fueron emocionantes celebraciones familiares para recibir el Año Nuevo!

Susan Swan

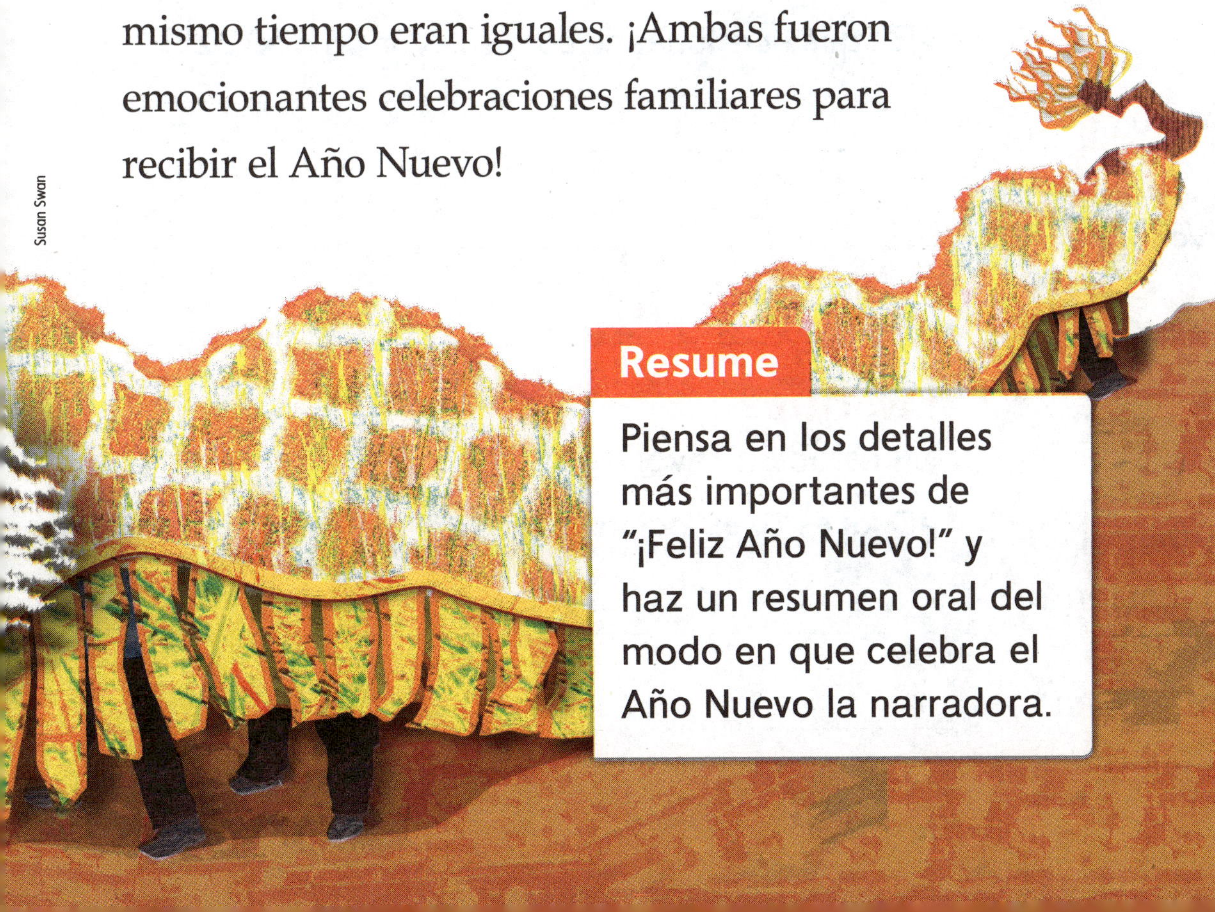

Resume

Piensa en los detalles más importantes de "¡Feliz Año Nuevo!" y haz un resumen oral del modo en que celebra el Año Nuevo la narradora.

FICCIÓN REALISTA

BUSCAR EVIDENCIAS

Leer

Párrafo 2

Visualizar

Encierra en un círculo palabras que te ayuden a visualizar la luna. ¿Qué iluminó la noche?

____

____

____

Párrafo 3

Comparar y contrastar

Subraya en qué se parecen las celebraciones.

Releer

Técnica del autor

¿Cómo muestra el autor el entusiasmo de la niña durante la danza del león chino?

Vocabulario

Conversa con un compañero acerca de cada palabra. Luego, responde las preguntas.

común

La mancha es un juego **común** entre los niños.

¿Cuál es el juego más común en tu vecindario?

costumbre

Cenar en familia es una **costumbre** en Navidad.

¿Qué costumbres sigues en Año Nuevo?

Tu lista de palabras Vuelve a leer el último párrafo de la página 5. Encierra en un círculo la palabra *celebraciones*. Escribe otras formas de la palabra en una red de palabras. Consulta un diccionario.

desfile

Nuestra banda marcha en **desfiles**.

¿Qué es lo que más te gusta de los desfiles?

disfraz

El actor de la obra llevaba un **disfraz**.

¿En qué ocasiones se puede llevar un disfraz?

favorito

Mi estación **favorita** es el otoño.

¿Cuál es tu estación favorita?

preguntarse

Me pregunto cuándo dejará de llover.

¿Qué cosas te sueles preguntar?

rodeado

Mi casa está **rodeada** de árboles.

¿Cómo podrías llegar a un lugar rodeado de agua?

viajar

Viajamos en carro a la playa.

¿Cuál es tu medio de transporte preferido para viajar?

Símiles

En un símil se emplean las palabras *como* o *cual* para comparar dos cosas diferentes. Para comprender un símil, piensa en los aspectos que compara el autor.

BUSCAR EVIDENCIAS

Leo que "Los fuegos artificiales explotaron como una lluvia de luces...". Veo la palabra como, *así que debe ser un símil. El autor compara los fuegos artificiales con una lluvia de luces.*

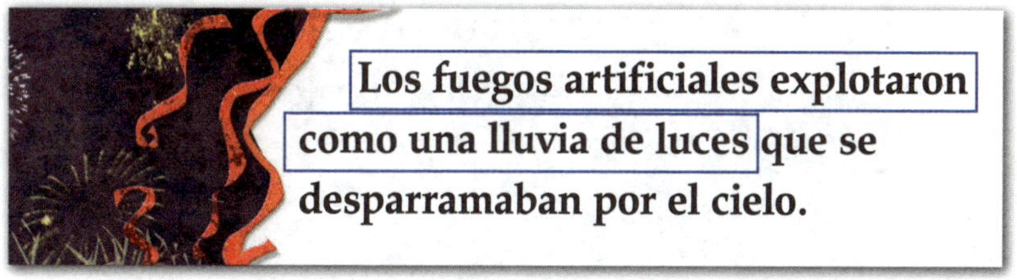

Los fuegos artificiales explotaron como una lluvia de luces que se desparramaban por el cielo.

Tu turno Halla en el texto los símiles con estas palabras. Indica con qué compara el autor estas cosas.

tela, página 5 ______________________

luna llena, página 5 ______________________

Visualizar

Al visualizar, piensas en las palabras que emplea el autor e imaginas cosas del cuento. Esta estrategia te permitirá comprender mejor las descripciones, es decir, los detalles de cada suceso.

Acuérdate

Presta atención a las palabras que indican acciones y a las palabras que sirven para describir detalles sensoriales, como la apariencia de algo o la forma en que suena.

BUSCAR EVIDENCIAS

Al leer las últimas dos oraciones de la página 4, piensa en las palabras del autor y visualiza el suceso que se está narrando.

Página 4

Luego salimos a ver el gran desfile. Al final, ¡un arcoíris de petardos explotó en el cielo!

Al leer "Al final, ¡un arcoíris de petardos explotó en el cielo!", puedo imaginar cómo fue el final del desfile. Veo en el cielo el arcoíris que se forma cuando estallan petardos de diferentes colores.

COLABORA

Tu turno Vuelve a leer el primer párrafo de la página 5. Comenta cómo es la danza del león chino. ¿Qué palabras te ayudan a visualizar a los bailarines? Vuelve a leer para hallar la respuesta.

Punto de vista

"¡Feliz Año Nuevo!" es un cuento de ficción realista. Tiene personajes, ambientes y sucesos inventados pero que podrían ser reales. Los cuentos de ficción realista pueden estar escritos en primera persona o en tercera persona.

De lectores a escritores

Al leer o escribir textos de ficción realista, haz preguntas acerca de los personajes. ¿Se comportan o hablan como personas que conoces? ¿Cómo se sienten? ¿Qué detalles muestran que son como las personas reales?

BUSCAR EVIDENCIAS

Sé que "¡Feliz Año Nuevo!" es un texto de ficción realista porque los sucesos del cuento pueden ocurrir en la vida real. Quien narra el cuento es alguien que podría existir en la vida real.

Página 3

Yo celebré el Año Nuevo dos veces en un año. ¿**Te preguntas** cómo? Lo celebré en Estados Unidos y después en China.

El 31 de diciembre, nuestra ciudad organizó un festejo para recibir el Año Nuevo. El festejo comenzó con un **desfile**. Una banda tocó música, y yo me hice pintar la cara como un león. Luego observé a un hombre que esculpía figuras de animales en hielo. ¡Estábamos **rodeados** de diversión!

Justo antes de la medianoche, todos fuimos al parque. La multitud hizo la cuenta regresiva de los últimos segundos del año viejo. Luego llegó mi parte **favorita**, lo que más me gusta. ¡Pum! ¡pum! ¡pum! Los fuegos artificiales explotaron como una lluvia de luces que se desparramaban por el cielo.

Punto de vista

Este texto de ficción realista está escrito en primera persona. Un personaje narra el cuento con palabras como *yo, me, fuimos* y *aprendí.*

COLABORA

Tu turno ¿Por qué escribe el autor en primera persona? ¿Cómo te ayuda esto a comprender al personaje principal?

___

___

___

Comparar y contrastar

Los autores comparan sucesos de un cuento al mostrar en qué se parecen, y los contrastan al mostrar en qué se diferencian.

Acuérdate

Los autores suelen emplear palabras y frases clave como *ambos, parecidos, en común* o *diferente* para comparar y contrastar los sucesos de un cuento.

BUSCAR EVIDENCIAS

En la página 4 de "¡Feliz Año Nuevo!" veo que el autor compara la duración del Año Nuevo en China con la duración del Año Nuevo estadounidense. La palabra clave diferente *me indica que el autor está comparando y contrastando detalles.*

	Celebración en Estados Unidos	Celebración en China
Cuánto dura	una noche	quince días

COLABORA

Tu turno Vuelve a leer el cuento. Compara y contrasta las celebraciones del cuento y completa el organizador gráfico con la información que encuentres.

	Celebración en Estados Unidos	Celebración en China
Cuánto dura	una noche	quince días
Entretenimiento		
Lo que crean las personas		
Otras actividades en familia		

Releer | LECTURA COMPARTIDA

Responder a la lectura

COLABORA

Comenta la pregunta de abajo y contéstala. Piensa en el modo en que el autor presenta detalles del cuento. Consulta tus notas y el organizador gráfico.

¿Cómo muestra el autor que las personas de China y de Estados Unidos celebran Año Nuevo de maneras diferentes?

Acuérdate

Completa estas oraciones para organizar la evidencia del texto.

En China, la celebración de Año Nuevo...

En Estados Unidos, la celebración de Año Nuevo...

Enlace gramatical

Los sustantivos propios deben llevar siempre mayúscula inicial, sin importar en qué parte de la oración estén. Los nombres de países y de sitios específicos son sustantivos propios.

ESTUDIOS SOCIALES

Fuentes primarias y secundarias

Las fuentes primarias son documentos originales. Los puede generar alguien que participó de un suceso. Las cartas, entrevistas y fotografías son ejemplos de fuentes primarias.

¿Qué otro ejemplo de fuente primaria conoces? ______________

____

Algunas fuentes secundarias son los libros de texto y las enciclopedias. Estas fuentes son creadas por alguien para informar acerca de un suceso, una persona o un tema.

COLABORA

Tabla de celebración Con un compañero, haz una tabla sobre una celebración de otro lugar. Consulta fuentes primarias y secundarias para incluir detalles importantes acerca de la celebración.

Mi celebración es ______________________________

Lo que quiero saber: ______________________________

Comenten qué fuentes podrían consultar para investigar. Piensen cuáles de sus fuentes son primarias y cuáles secundarias.

Acuérdate

Las fuentes primarias pueden ayudar a comprender a las personas, tanto a las del pasado como a las de hoy. Piensa en objetos de tu casa o del salón de clases, como un cuaderno o un diario. ¿Cómo ayudarían a alguien a saber más sobre ti o a comprenderte mejor?

Releer | TEXTO PRINCIPAL

El olor del mar

¿Cómo muestra el autor lo que siente Jimena por el mar?

Antología de literatura, páginas 300–329

COLABORA

Coméntalo Vuelve a leer las páginas 300–305. Comenta lo que siente Jimena por el mar.

Cita evidencias Escribe palabras que usa el autor para transmitir lo que siente Jimena por el mar.

Hacer inferencias

¿Qué puedes suponer a partir del rostro de Jimena en la ilustración de la página 304?

Detalle	Detalle	Detalle

Jimena...

Escribe Para mostrar los sentimientos de Jimena, el autor

___

___

¿Cómo te ayudan las ilustraciones a comprender las semejanzas y diferencias entre Jimena y Alejandro?

COLABORA

Coméntalo Vuelve a leer las páginas 306-312. Comenta cómo se muestra en las ilustraciones la vida cotidiana habitual de los primos.

Cita evidencias Escribe semejanzas y diferencias entre las vidas de los primos.

Semejanzas	Diferencias

Escribe Las ilustraciones muestran ______________________

____

____

Acuérdate

A medida que leas, completa estas oraciones para hablar de las ilustraciones.

El autor quiere mostrar que los lugares son...

Incluye detalles como...

Combinar información

¿Cómo se muestra en las ilustraciones que los sitios donde viven Jimena y Alejandro están a gran distancia uno de otro?

Releer **TEXTO PRINCIPAL**

¿Por qué el autor presenta parte de la conversación de los niños en recuadros de colores?

COLABORA

Coméntalo Vuelve a leer las páginas 313-316. Comenta con un compañero quién dice las palabras de cada recuadro.

Cita evidencias Escribe algo que hayas aprendido de cada niño al leer sus palabras.

Alejandro...
Jimena...

Escribe Con los recuadros, el autor ______________________________

____

____

Acuérdate

El autor muestra detalles importantes con elementos del texto e ilustraciones.

Hacer inferencias

¿Por qué Jimena le pregunta a Alejandro cómo es el mar donde vive? Piensa en lo que ya sabes sobre cada personaje.

D. Hurst/Alamy

Responder a la lectura

COLABORA

Comenta la siguiente pregunta. Al responderla, piensa en lo que ya sabes acerca de cómo comparar y contrastar.

¿Cómo muestra el autor las diferencias en las vidas de Jimena y Alejandro?

Acuérdate

Completa estas oraciones para organizar la evidencia del texto.

El autor cuenta que Jimena...

El autor cuenta que Alejandro...

Mis lecturas

Elige un libro. Lee las primeras dos páginas. Si no comprendes cinco palabras o más, elige otro libro que puedas seguir leyendo durante más tiempo. Escribe en tu cuaderno de escritura el título, el nombre del autor, el género y tu propósito para la lectura. Después de leer, escribe sobre alguna conexión que hayas hecho.

Releer | LECTURA COMPLEMENTARIA

Juegos en todo el mundo

¿A qué les gusta jugar a ti y a tus amigos? ¿Les agradan los juegos al aire libre, donde se pueden mover? Quizás prefieran entretenerse en casa con juegos de mesa o de computadora.

Los niños se divierten de distintos modos. Los juegos son parte de las costumbres de un país. Estos son algunos juegos infantiles de diferentes países.

Cultura Creative/Alamy

Antología de literatura, páginas 330–333

Vuelve a leer el párrafo 1. **Encierra en un círculo** las preguntas que el autor les hace a los lectores. ¿En qué quiere que pienses el autor?

____

____

____

Vuelve a leer el párrafo 2. **Subraya** la clave que explica por qué los niños de distintas partes del mundo juegan a juegos diferentes.

COLABORA

Comenta con un compañero el propósito del autor para escribir este texto. Respalda tus ideas con detalles de los dos primeros párrafos.

Saltar la cuerda

Los niños y las niñas de todo el mundo han jugado por cientos de años a saltar la cuerda. ¡Lo único que necesitan es un trozo de soga! Los colonos de Holanda trajeron este juego a América hace mucho tiempo.

Hoy algunos utilizan más de una cuerda. Los jugadores pueden hacer trucos, como vueltas y giros. Incluso hay concursos para ver quién puede saltar más veces o hacer las mejores piruetas.

Vuelve a leer el párrafo 1. **Subraya** un dato sobre la historia del juego de saltar la cuerda. ¿Por qué cree el autor que los niños juegan a saltar la cuerda desde hace cientos de años? Respalda tu respuesta con una clave del texto.

____

____

____

Vuelve a leer el párrafo 2. ¿Qué detalle clave describe el autor sobre utilizar más de una cuerda para este juego? **Encierra en un círculo** la oración que muestra ese detalle clave.

COLABORA

Comenta por qué el autor organiza la información sobre el juego de saltar la cuerda en dos párrafos. Respalda tu respuesta con evidencias del texto.

Releer | LECTURA COMPLEMENTARIA

¿Cómo organiza la selección el autor?

COLABORA

Coméntalo Vuelve a leer las páginas 18 y 19. Comenta en qué se parecen y en qué se diferencian el comienzo de la selección y la sección "Saltar la cuerda".

Cita evidencias Escribe detalles que señalen las semejanzas y las diferencias entre las partes de la selección.

Acuérdate

Mira los subtítulos y la fotografía de la página 18 para hallar pistas del modo en que el autor organiza el texto.

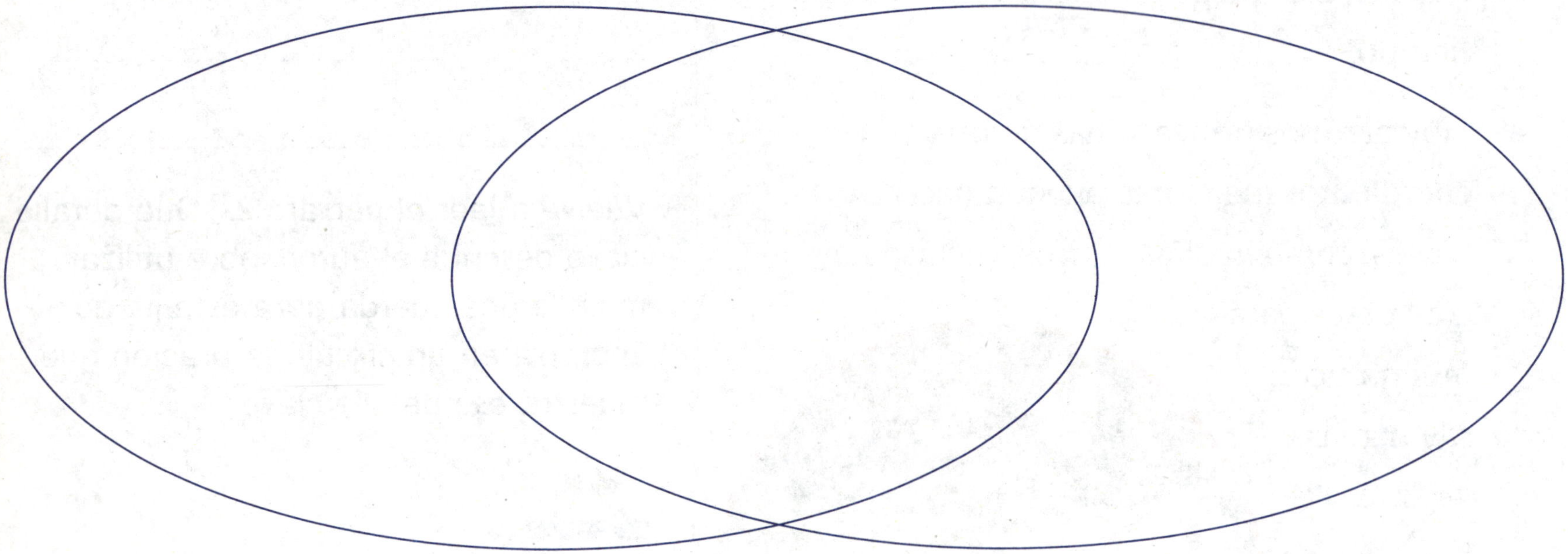

Escribe El autor organiza la selección ______________________

____

____

Mapas

Los autores usan mapas para mostrar los lugares del mundo que mencionan en su texto.

BUSCAR EVIDENCIAS

Vuelve a mirar los mapas y los subtítulos. Piensa en cómo organizó el autor estos elementos del texto. Escribe qué color usó el autor para cada país.

Australia ____________________ Ghana ______________________

Estados Unidos ______________ Francia _____________________

Japón ____

¿Por qué usó el autor el mismo color de los países en el mapa para los títulos, los marcos de las fotos y las leyendas? Escribe tu respuesta abajo.

____

____

____

Acuérdate

Al leer un texto informativo, presta atención a los elementos gráficos. Los autores usan mapas y fotos para ayudar a los lectores a hallar información que no está en el texto. Piensa en lo que el autor quiere que sepas.

Integrar

HACER CONEXIONES

ESTUDIOS SOCIALES

¿Qué has aprendido en las selecciones que has leído y en la fotografía de abajo sobre cómo se divierten los niños de diferentes partes del mundo?

COLABORA

Coméntalo Mira la fotografía y lee la leyenda. Conversa con un compañero sobre dónde pueden ir los niños en París, Francia, para divertirse.

Cita evidencias Con un compañero, **encierra en un círculo** una clave en la leyenda que te indique con qué juegan los niños.

Escribe Los textos que leí y esta fotografía me ayudan a comprender que los niños de diferentes partes del mundo

Acuérdate

Puedes hacer conexiones personales con las maneras en que te diviertes con tus amigos. Piensa en los juegos que te gustan y cómo te sientes al jugarlos.

Estos niños juegan con veleros de juguete en un parque en París, Francia. Usan una vara para impulsar los veleros por la laguna artificial.

Michael Owston/Photoshot

ESTUDIOS SOCIALES

Presentar el trabajo

COLABORA

Planea con tu compañero cómo presentar la tabla de celebración a la clase. Comenten estas oraciones incompletas y escriban sus respuestas.

Uno de los datos interesantes que aprendí es ____________________

____

____

Me gustaría saber más acerca de ____________________

____

____

Acuérdate

Practicar tu presentación te ayudará a compartir tus ideas con los demás. ¡Y también te hará sentirte seguro!

Comprobar la presentación

- ☐ Practica tu presentación frente a un amigo.
- ☐ Habla con claridad y destaca las ideas más importantes.
- ☐ Muestra dibujos, fotos o recursos digitales.
- ☐ Trata de mirar a las personas del público.

ESCRITURA

Texto modelo

Antología de literatura, páginas 300–329

Características de los textos de ficción realista

- Los autores escriben textos de ficción realista para entretener y para dar información sobre otras personas y lugares.
- Pueden estar escritos en tercera o primera persona.
- Pueden tener una estructura de comparación y contraste.

Analiza el texto modelo Analizar *El olor del mar* te ayudará a aprender a escribir textos de ficción realista. Vuelve a leer las páginas 302–309. Responde las siguientes preguntas.

¿Cuáles son los dos ambientes del cuento?

____

____

¿Cómo muestra el autor con dos personajes las semejanzas y diferencias entre los ambientes?

____

____

gramatiNOTAS

Jimena y Alejandro protagonizan la historia, pero no son los narradores. Para mostrar esto, el autor usa pronombres en tercera persona, como *él, ella* y *ellos,* para demostrar que los sucesos se cuentan en tercera persona.

Planificar: Lluvia de ideas

Genera ideas Escribirás un texto de ficción realista acerca de un personaje que visitó dos lugares. En el espacio de abajo, haz dibujos y escribe palabras sobre los lugares que visitó tu personaje. Luego piensa cómo describirás cada lugar.

Acuérdate

Cuando pienses en lugares interesantes que podría visitar tu personaje, piensa en sitios que visitaste o que te gustaría visitar.

Shutterstock/Hayati Kayhan

Planificar: Elige un tema

Instrucciones Escribe un cuento de ficción realista acerca de un personaje que visitó dos lugares. Tu personaje describirá los lugares en una carta. Consulta las ideas que anotaste en la página 25. Completa estas oraciones como punto de partida.

Los lugares que describirá mi personaje son ______________________

____

Los lugares se parecen porque ______________________

____

Los lugares se diferencian porque ______________________

____

Propósito y público Algunos autores escriben textos de ficción realista para que sus lectores aprendan sobre el mundo que los rodea. También escriben para entretener. Piensa en por qué elegiste los lugares de tu cuento. Luego, explica en el cuaderno de escritura cuál es tu propósito para escribir tu cuento.

Acuérdate

Entre tu público, es decir, tus lectores, pueden estar tus compañeros o tu familia. Piensa en cómo hacer que los lugares de tu cuento les resulten interesantes o divertidos.

Planificar: Ideas

Desarrollar detalles Los autores anotan ideas acerca de los ambientes para desarrollar los detalles de un cuento. Lee la tabla. El autor anotó detalles sobre la playa en verano y un parque en invierno. **Encierra en un círculo** los detalles que indiquen cómo son los ambientes. **Subraya** detalles que den información de lo que hacen allí las personas.

Ambiente 1 Playa en verano	Ambiente 2 Parque en invierno
Detalles	**Detalles**
Se siente el olor a mar.	Juego en la nieve.
Juego en la arena tibia.	Todo está cubierto de nieve.
Rompen las olas.	silencio y tranquilidad
Papá y yo hacemos un castillo de arena.	Mis hermanas hacen un muñeco de nieve.

Planificar Haz en tu cuaderno de escritura una tabla de detalles de los ambientes como la de arriba. Complétala con detalles de los sitios que visitó tu personaje.

gramatiNOTAS

Usa palabras descriptivas para crear una imagen de cada sitio que aparezca en la carta. Las palabras descriptivas indican la manera en que algo se ve, suena, se siente, huele o sabe.

Hacer un borrador

COLABORA

Compara y contrasta El autor de "¡Feliz Año Nuevo!" compara y contrasta una celebración que se da en dos lugares. Vuelve a leer el primer párrafo de la página 3. El autor presenta los dos ambientes al comienzo del cuento.

Usa el párrafo como modelo para presentar tus dos lugares. Incluye un detalle acerca de cada lugar que despierte el interés de tu público. Escribe en primera persona.

____

____

____

Haz un borrador Escribe el borrador de tu cuento en tu cuaderno. Usa como ayuda la tabla de detalles de los ambientes que creaste. Recuerda comparar y contrastar cada sitio que describe el personaje.

Recursos digitales

Para más información sobre cómo escribir para tu público, mira "Escribe para tu público". Entra en **my.mheducation.com**.

Enlace gramatical

El verbo *estar* tiene distintas formas. Lee la forma en tiempo pasado del verbo *estar* en las oraciones.

Yo estuve aquí ayer.

La niña estuvo en el parque ayer.

Ellos estuvieron en la clase ayer.

Revisar

Voz Los autores transmiten los sentimientos de un personaje con palabras y detalles descriptivos, incluyendo adjetivos, y con la puntuación. Lee el siguiente texto. Corrígelo para mostrar mejor cómo se siente el autor por la fiesta.

Querido Ben:

El sábado hubo una fiesta en nuestra calle. Hubo juegos.

Mi mamá llevó pasteles. ¿En tu calle se hacen fiestas también?

Con cariño,

Miguel

Revisar Es el momento de revisar tu borrador. Incluye detalles que muestren cómo se siente el personaje.

Acuérdate

Para que tu texto sea más interesante, añade detalles que falten y muestra cómo se siente tu personaje. Los signos de exclamación (¡!) permiten mostrar que un personaje está entusiasmado por algo.

Enlace gramatical

En el párrafo del saludo de una carta se escriben dos puntos ("Querido Ben:"). En el párrafo de la despedida se pone una coma antes de la firma ("Con cariño,"). Además, se deben escribir con mayúscula inicial los nombres propios y la primera palabra del saludo y de la despedida.

Revisar: Charlas entre compañeros

COLABORA

Revisión del borrador Escucha con atención mientras tu compañero lee su texto en voz alta. Primero di lo que te gustó del borrador. Haz sugerencias que puedan mejorar su texto.

Sugerencias de compañeros Escribe una de las sugerencias de tu compañero que aplicarás en la revisión de tu cuento.

A partir de la sugerencia de mi compañero, voy a ______________________

____

____

Después de las sugerencias, comenten su charla entre compañeros. ¿Qué resultó útil? ¿Qué podrían hacer de otra manera la próxima vez?

____

____

Revisión Consulta la lista de verificación de Comprobar la revisión para decidir qué debes modificar, añadir o eliminar. Recuerda consultar las pautas de calificación de la página 33 como ayuda.

Acuérdate

Completa estas oraciones para comentar el trabajo de tu compañero.

Me gustó el comienzo de tu carta porque...

Puedes añadir detalles acerca de...

Me pregunto...

Comprobar la revisión

- ☐ ¿Mi cuento se ajusta a mi propósito y mi público?
- ☐ ¿Escribí detalles descriptivos?
- ☐ ¿Expliqué en qué se parecen y se diferencian los lugares?
- ☐ ¿Está escrito en primera persona?
- ☐ ¿Está escrito correctamente en forma de carta?

Corregir

Al **corregir** tu texto, buscas errores y los enmiendas. Si lees un borrador varias veces, estarás seguro de no pasar por alto ningún error. Consulta la lista de verificación de Comprobar la corrección al revisar tus oraciones.

Comprobar la corrección

- ☐ ¿Comienzan todas las oraciones con mayúscula y tienen los signos de puntuación adecuados?
- ☐ ¿Escribiste pronombres y verbos en primera persona?
- ☐ ¿Escribiste las terminaciones verbales correctamente?
- ☐ ¿Usaste correctamente la puntuación de las cartas?
- ☐ ¿Usaste correctamente las mayúsculas en nombres propios y en el saludo y la despedida de las cartas?

Escribe dos errores que hayas encontrado al corregir tu texto.

1. ______________________________

____

2. ______________________________

____

Enlace gramatical

Al corregir tu borrador, asegúrate de que todos los verbos estén escritos correctamente. Recuerda que algunos verbos son irregulares en algunos tiempos verbales.

tecnoNOTAS

La función de revisión ortográfica de los programas procesadores de texto es útil, pero no siempre identifica errores, como *a ver* cuando se ha querido decir *haber*. La función de revisión ortográfica no reemplaza a una lectura atenta en busca de errores.

Publicar, presentar y evaluar

Publicación Haz una copia final de tu carta limpia y sin errores. Escribe con letra clara y legible. Deja el espacio de una punta de lápiz entre las letras y el espacio de un lápiz entre las palabras. Puedes agregar ilustraciones u otros elementos visuales para hacer más interesante tu trabajo.

Presentación Cuando estés listo para presentar tu trabajo, ensaya tu presentación. Consulta la lista de verificación de Comprobar la presentación.

Evaluación Después de publicar y presentar tu carta, lee las pautas de calificación de la página siguiente para evaluar tu texto.

1. ¿Qué te quedó bien en tu texto? ______________________

____

____

2. ¿Qué partes requieren más trabajo? ______________________

____

____

✓ Comprobar la presentación

- ☐ Siéntate o párate erguido.
- ☐ Mira al público.
- ☐ Presenta la información de manera clara.
- ☐ Habla a un volumen lo suficientemente alto para que todos te escuchen.
- ☐ Responde las preguntas con detalles de tu carta.

Escuchar Al escuchar activamente, prestas atención a lo que oyes. Cuando escuches las presentaciones de otros estudiantes, toma notas que te ayuden a comprender sus ideas.

De la presentación de ....

aprendí: ____

Preguntas que tengo acerca de la presentación de

....:

____

____

Saber escuchar

- ☐ Mira a la persona que habla.
- ☐ Identifica los detalles sobre los ambientes.
- ☐ Identifica las semejanzas y diferencias entre los ambientes.
- ☐ Identifica qué cosas hace bien la persona que habla.
- ☐ Piensa en preguntas que puedas hacer.

4	3	2	1
• El texto está escrito como una carta, en primera persona. • Incluye buenos detalles descriptivos. • Se comparan con claridad dos lugares. • Tiene pocos errores, o ninguno.	• El texto está escrito en su mayor parte como una carta, en primera persona. • Incluye detalles descriptivos. • Se comparan dos lugares. • Tiene pocos errores.	• El texto no está escrito como una carta y en ocasiones cambia el punto de vista. • Incluye pocos detalles. • Algunas comparaciones son poco claras. • Los errores distraen la atención del significado del texto.	• El texto no tiene formato de carta ni un punto de vista claro. • No incluye detalles descriptivos. • No incluye comparaciones. • Tiene muchos errores que dificultan la comprensión.

Coméntalo

Pregunta esencial

¿Cómo cambia la Tierra?

COLABORA

La Tierra siempre está cambiando. El agua en este cañón va desgastando las rocas lentamente. El agua puede llevarse la tierra de las orillas de los ríos y la arena de las playas.

Conversa sobre lo que ves en la imagen. ¿Qué puede causar cambios en la Tierra? Escribe tus ideas en la red.

LECTURA COMPARTIDA

TOMA NOTAS

Puedes predecir qué información contendrá el texto basándote en los subtítulos y las fotos. Usa estos elementos del texto para hacer una predicción acerca de "El mar".

____

____

____

A medida que leas, toma nota de:

Palabras interesantes __________

____

____

Detalles clave ______________

____

____

El mar

Pregunta esencial

¿Cómo cambia la Tierra?

Lee para aprender cómo las olas del océano cambian las playas.

¿Qué es la erosión?

¿Alguna vez hiciste un castillo de **arena** en la playa? Hay que eligir bien dónde hacerlo. Si está muy cerca del agua, las olas se lo llevarán.

Las olas y el viento también pueden llevarse trozos de tierra. Pueden cambiar la forma de una **isla**, que es tierra rodeada por agua. Cuando el viento y el agua cambian la superficie de la **Tierra**, se produce lo que se llama **erosión**.

Las olas son la principal causa de la erosión en las playas. Siempre están **activas**, moviéndose hacia la orilla. Arrastran la arena y, poco a poco, se la van llevando.

Una de las **propiedades** de las grandes tormentas es la presencia de olas fuertes. Estas grandes olas, que parecen **explotar** al chocar contra la playa durante las tormentas, pueden mover mucha arena rápidamente.

TEXTO EXPOSITIVO

BUSCAR EVIDENCIAS

Leer

Párrafo 2

Subtítulos y negrilla

Subraya evidencia en el texto que defina la erosión. Explica cuándo ocurre la erosión.

____

____

Párrafos 3 y 4

Causa y efecto

Encierra en un círculo la mayor causa de erosión en la playa. **Encierra en un cuadrado** lo que pueden hacer las olas durante las tormentas.

Releer

Técnica del autor

¿Cómo te ayuda el autor a comprender qué es la erosión en el primer párrafo?

LECTURA COMPARTIDA

BUSCAR EVIDENCIAS

Leer

Párrafo 1

Claves en la oración

Subraya claves que te ayuden a comprender el significado de *desaparece* en el texto.

Párrafo 2

Volver a leer

Encierra en un círculo evidencia en el texto que confirme que has entendido cómo se debilita un acantilado. Cuenta cómo sucede.

____

____

____

Releer

Técnica del autor

¿Cómo usa el autor los subtítulos para organizar la información?

La erosión de las playas

Algunas personas construyen casas cerca del mar. Las olas se llevan la arena de la playa. A medida que la playa desaparece, el agua se acerca más a las casas. Las olas pueden incluso llevarse construcciones **sólidas** de la playa.

La erosión de las rocas

También se produce erosión en acantilados rocosos y empinados, o pendientes pronunciadas junto al mar. Primero, las olas golpean la base de los acantilados. Poco a poco, las olas se llevan minúsculos trozos de roca. Con el tiempo, muchos trozos pequeños de roca se desprenden de la base del acantilado. Esto hace que se debilite la cima del acantilado, que puede desmoronarse y caer al mar.

Paul Thompson Images/Alamy Stock Photo

Detener la erosión

Algunas comunidades trabajan para detener la erosión de sus playas. Estos pueblos construyen **rompeolas** con grandes piedras o rocas.

Las rocas se colocan en una hilera que entra en el mar. Cuando las olas llegan al rompeolas, su velocidad disminuye y así no arrastran arena.

En algunas ciudades, las autoridades **locales** dictan normas para construir en las playas. Los nuevos edificios deben estar lejos del agua. Así el agua no se los podrá llevar como si fueran castillos de arena.

Resume

Resume las causas y efectos de la erosión en "El mar". Luego, usa los subtítulos y las fotos para corregir o confirmar la predicción que hiciste en la página 36.

TEXTO EXPOSITIVO

BUSCAR EVIDENCIAS

Leer

Párrafos 1 y 2

Causa y efecto

Subraya la oración que dice para qué se construyen los rompeolas. ¿Cómo funciona un rompeolas?

____

____

Párrafo 3

Volver a leer

Encierra en un círculo evidencia en el texto que confirme que has entendido cómo algunas ciudades protegen los edificios de la erosión.

Releer

Técnica del autor

¿Cómo se relaciona la conclusión final del autor con el comienzo del texto?

Vocabulario

Conversa con un compañero acerca de cada palabra. Luego, responde las preguntas.

activo

El volcán **activo** estaba a punto de explotar.

¿Cuándo están más activos los animales nocturnos?

____

____

arena

Me gusta sentir la **arena** en mis pies.

¿De qué color puede ser la arena de la playa?

____

____

Tu lista de palabras Vuelve a leer el último párrafo de la página 38. Encierra la palabra *debilite* en un círculo. Busca sinónimos y antónimos de *debilitar* en un diccionario.

explotar

Los fuegos artificiales hicieron mucho ruido al **explotar**.

¿Cómo puede explotar un globo?

____

____

isla

En nuestras vacaciones, visitamos una **isla**.

¿Cómo se llaman las personas que viven en una isla?

____

____

local

Mi abuelo y yo fuimos al parque **local**.

¿Cómo se llama tu biblioteca local?

____

____

____

propiedad

Observé una roca para aprender acerca de sus **propiedades**.

Nombra alguna propiedad del hielo.

____

____

sólido

El agua en estado **sólido** se convierte en hielo.

¿Cómo puedes saber si algo es sólido?

____

____

Tierra

El astronauta regresó a la **Tierra**.

¿Cómo se ve la Tierra en las fotografías tomadas desde el espacio?

____

____

Claves en la oración

Mientras lees, puedes averiguar el significado de una palabra que no conoces buscando claves en las palabras y oraciones que están cerca.

BUSCAR EVIDENCIAS

No estoy seguro de qué significa la palabra comunidades. *Puedo seguir leyendo para buscar claves. Leo la palabra* pueblos *en la siguiente oración. Creo que* comunidades *puede significar "pueblos".*

Algunas comunidades trabajan para detener la erosión de sus playas. Estos pueblos construyen rompeolas con piedras o rocas.

Tu turno Usa claves en las oraciones para hallar el significado de estas palabras.

desmoronarse, página 38 ______________________________

acantilados, página 38 ______________________________

____

Volver a leer

Mientras lees puedes encontrarte con palabras, explicaciones o datos que no entiendes. Volver a leer el texto puede ayudarte a comprenderlos.

Acuérdate

Cuando leas una selección por primera vez, escribe preguntas acerca de las palabras o detalles que no entiendas. Luego vuelve a leer para hallar las respuestas a tus preguntas.

BUSCAR EVIDENCIAS

Cuando leo la página 37 de "El mar" no entiendo qué es la erosión. Voy a volver a leer esta sección.

Página 37

Las olas y el viento también pueden llevarse trozos de tierra. Pueden cambiar la forma de una **isla**, que es tierra rodeada por agua. Cuando el viento y el agua cambian la superficie de la **Tierra**, se produce lo que se llama **erosión**.

Las olas son la principal causa de la erosión en las playas. Siempre están **activas**, moviéndose hacia la orilla.

Leo que la erosión se produce cuando el agua y el viento cambian la superficie de la Tierra. Volver a leer me ayuda a entender qué es la erosión.

COLABORA

Tu turno ¿Por qué la erosión puede ser un problema? Vuelve a leer la página 38 de "El mar" para encontrar la respuesta.

____

____

____

Subtítulos y negrilla

"El mar" es un texto expositivo. Tiene datos e información sobre sucesos reales. Un texto expositivo puede incluir elementos del texto para organizar la información.

Acuérdate

Un autor agrega subtítulos para expresar ideas importantes que se explican en cada sección. Las palabras en negrilla te señalan palabras que son importantes y se deben aprender.

BUSCAR EVIDENCIAS

"El mar" es un texto expositivo. Incluye datos que explican causas y efectos de sucesos reales. También incluye características del texto, como subtítulos y palabras en negrilla.

Página 39

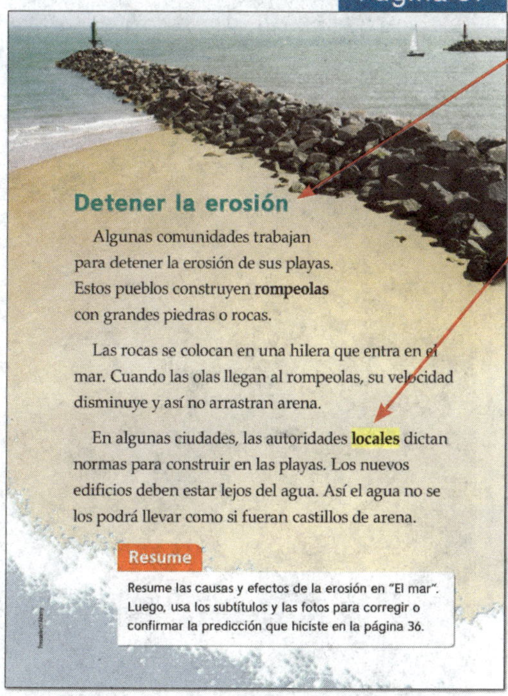

Detener la erosión

Algunas comunidades trabajan para detener la erosión de sus playas. Estos pueblos construyen **rompeolas** con grandes piedras o rocas.

Las rocas se colocan en una hilera que entra en el mar. Cuando las olas llegan al rompeolas, su velocidad disminuye y así no arrastran arena.

En algunas ciudades, las autoridades **locales** dictan normas para construir en las playas. Los nuevos edificios deben estar lejos del agua. Así el agua no se los podrá llevar como si fueran castillos de arena.

Resume

Resume las causas y efectos de la erosión en "El mar". Luego, usa los subtítulos y las fotos para corregir o confirmar la predicción que hiciste en la página 36.

Subtítulo

Nos dice de qué trata una sección de texto.

Palabras en negrilla

Señalan palabras importantes para entender la selección.

COLABORA

Tu turno Vuelve a leer la página 39. ¿Cómo señala el autor que los rompeolas son importantes para algunas comunidades?

____

____

____

Releer **LECTURA COMPARTIDA**

Causa y efecto

Una causa es un suceso o una acción que hace que algo ocurra. El efecto es lo que ocurre debido al suceso o acción.

BUSCAR EVIDENCIAS

En la página 38 de "El mar" leí que el mar puede llevarse arena de la playa. La erosión es la causa. Me pregunto: ¿Qué sucede cuando el agua se lleva la arena? Esto me ayudará a entender el efecto.

Acuérdate

"El mar" tiene una estructura de causa y efecto. Los autores suelen incluir palabras como *porque, entonces* y *como resultado* para mostrar causas y efectos.

COLABORA

Tu turno Vuelve a leer "El mar" para hallar causas y efectos en el texto. Completa el organizador gráfico.

Causa	→	Efecto
Las olas se llevan la arena.	→	La playa desaparece.

Paul Thompson Images/Alamy Stock Photo

Causa		Efecto
Las olas se llevan la arena.	→	La playa desaparece.
	→	
	→	

Responder a la lectura

COLABORA

Comenta la pregunta de abajo y, luego, respóndela. Piensa en cómo el autor describe lo que sucede cuando las olas llegan a la costa. Consulta tus notas y el organizador gráfico.

¿Cómo explica el autor que la erosión puede ser un problema? ¿Qué pueden hacer las personas para resolverlo?

____

____

____

____

____

____

____

____

Acuérdate

Completa estas oraciones para organizar tu respuesta.

El autor explica que la erosión sucede cuando...

El autor incluye fotos para...

Las comunidades se protegen...

Enlace gramatical

Revisa la concordancia entre sujeto y verbo en cada oración de tu respuesta. Recuerda que los sustantivos en singular, como *agua,* concuerdan con verbos en singular. Los sustantivos plurales, como *olas,* concuerdan con verbos en plural.

Ordenar la información

COLABORA

Cuando **ordenas la información,** muestras el orden lógico de los datos y las ideas. Palabras como *primero, luego* y *por último* sirven para ordenar la información.

Lee estas notas sobre la erosión de las playas. Escribe la información en orden lógico con *primero, luego* y *por último.*

El agua se acerca a las construcciones. Las olas se llevan la arena. La playa desaparece.

Esta foto muestra los efectos de un incendio forestal. ¿Cómo cambian la Tierra los incendios forestales?

COLABORA

Cambios en la Tierra: Dibujos Con un compañero, haz una serie de dibujos que describa un ejemplo de cómo cambia la Tierra. Puede ser un suceso importante que cambia la Tierra rápidamente o un cambio lento y gradual.

Ejemplo de cambio: ______

Comenten cómo ordenarán la información con ilustraciones y leyendas.

Releer | TEXTO PRINCIPAL

Los volcanes

¿? **¿Cómo te ayuda la cita que incluye la autora a entender una erupción volcánica?**

Antología de literatura, páginas 334–343

Evaluar información

Mientras lees, busca detalles que te sirvan para comprender la experiencia. ¿Qué vio, oyó, sintió y pensó la esposa del granjero?

COLABORA

Coméntalo Vuelve a leer la página 335. Conversa con un compañero sobre cómo la esposa del granjero describió la erupción volcánica.

Cita evidencias Escribe tres detalles descriptivos de la cita de la mujer.

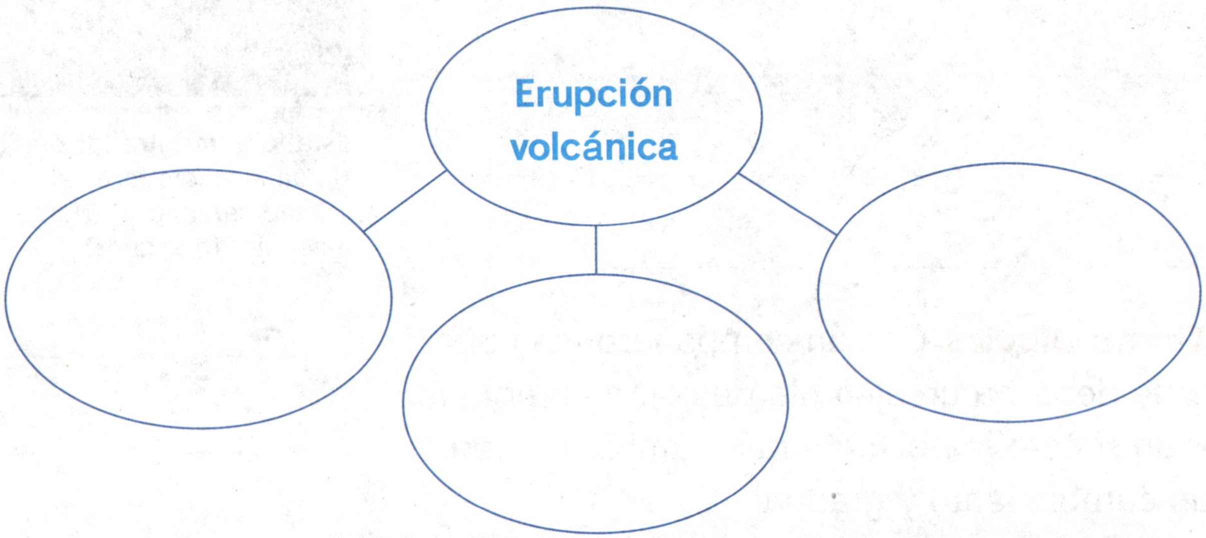

Escribe La cita que incluye la autora me ayuda a entender

___

___

¿Cómo usa la autora el lenguaje descriptivo para ayudarte a entender qué ocurre cuando un volcán entra en erupción?

COLABORA

Coméntalo Vuelve a leer las páginas 340 y 341. Conversa con un compañero sobre el poder de un volcán.

Cita evidencias Explica de qué manera cada ejemplo de lenguaje descriptivo te ayuda a entender lo que ocurre durante una erupción.

Acuérdate

A medida que leas, completa estas oraciones para pensar en el poder de un volcán.

El vapor y el gas causan...

El magma empuja...

	Esto me ayuda a...
el magma empuja hacia arriba	
el vapor levanta la tapa de una cacerola	
millones de gotitas diminutas	

Escribe La autora usa lenguaje descriptivo para ayudarme a

entender ____

____

CIENCIAS

¿De qué manera usa la autora elementos del texto para ayudarte a entender los efectos de una erupción volcánica?

COLABORA

Coméntalo Vuelve a leer la página 343. Comenta los efectos de la erupción volcánica en Islandia.

Cita evidencias Escribe lo que aprendiste de cada foto y leyenda. Luego, escribe lo que estos elementos del texto te enseñan sobre los efectos de un volcán.

Foto de granjero	Foto de planta

Los efectos de un volcán...

Escribe La autora usa elementos del texto para ayudarme a entender ______________________________

____

Acuérdate

Comenta los detalles en los elementos del texto.

La autora incluye esta foto para mostrar...

La autora agrega esta leyenda para contar...

Evaluar información

Busca y comenta la evidencia en el texto que explica por qué la ceniza volcánica fue beneficiosa para el crecimiento de las plantas.

Responder a la lectura

COLABORA

Comenta la siguiente instrucción. Al responder la pregunta, piensa en lo que ya sabes sobre los elementos del texto.

¿Cómo te ayuda la autora a comprender la fuerza de la erupción de un volcán?

____

____

____

____

____

____

____

____

____

Acuérdate

Completa estas oraciones para organizar la evidencia del texto.

La autora compara...

También incluye...

Mis lecturas

Elige un libro. Escribe en tu cuaderno de escritura el título, el nombre del autor y el género del libro. A medida que leas, haz conexiones con las ideas de otros textos que hayas leído o con tus propias experiencias. Escribe tus ideas en tu cuaderno de escritura.

ESTUDIOS SOCIALES

Antología de literatura, páginas 346–347

Al rescate

Los incendios forestales son grandes incendios que ocurren en los bosques. Una propiedad es que avanzan rápidamente y es muy difícil detenerlos. A veces se producen por relámpagos o sequías. También se extienden cuando soplan vientos secos y calientes.

Los incendios forestales producen muchos cambios en la Tierra. Algunos se ven de inmediato: se queman árboles y todo tipo de plantas. Hay otros que se notan un tiempo después: algunas plantas vuelven a crecer.

age fotostock/SuperStock

Vuelve a leer el párrafo 1. **Subraya** por qué es difícil detener los incendios forestales. ¿Cuáles son las causas de los incendios forestales?

____

____

____

Vuelve a leer el párrafo 2. **Encierra en un círculo** cómo cambia la Tierra después de un incendio forestal.

COLABORA

Comenta con un compañero por qué la autora eligió el título "Al rescate". Da detalles del texto y las fotos para respaldar tus ideas.

Rescate de personas

Cuando hay un incendio forestal cerca, no es seguro para las personas quedarse en sus hogares. Los bomberos les informan acerca del incendio.

Si el fuego se aproxima mucho, los bomberos avisan a las personas que deben abandonar sus casas. Un incendio puede llegar a impedir el paso de los autos. Entonces, los bomberos usan un helicóptero para el rescate.

Vuelve a leer el párrafo 1. ¿Por qué los bomberos deben informar a las personas si hay un incendio forestal cerca? **Encierra en un círculo** la respuesta.

Vuelve a leer el párrafo 2. ¿Qué deben hacer las personas cuando el fuego se aproxima mucho a sus casas? **Encierra en un cuadrado** una pista.

COLABORA

Comenta la foto con un compañero. Haz inferencias sobre por qué la autora muestra un animal después de un incendio forestal.

Releer

LECTURA COMPLEMENTARIA

ESTUDIOS SOCIALES

¿Cómo te ayuda la autora a hacer inferencias acerca de los incendios forestales?

COLABORA

Coméntalo Conversa acerca de los datos y los detalles sobre los incendios forestales que comparte la autora.

Cita evidencias Escribe las inferencias acerca de los incendios forestales que puedes hacer a partir de los datos y los detalles.

Evidencia en el texto	Inferencia
"es muy difícil detenerlos"	
"se extienden cuando soplan vientos"	
"se queman árboles y todo tipo de plantas"	
"a veces se producen por relámpagos"	

Escribe La autora me ayuda a hacer inferencias sobre los incendios forestales ______________________________

____

Acuérdate

Para hacer una inferencia, analiza los datos y lo que ya has aprendido para llegar a una conclusión sobre lo que significa la información.

Estructura del texto

Los autores de textos expositivos agrupan detalles que están conectados. La información se presenta en categorías. Los subtítulos sirven para que los lectores sepan cómo están conectados los detalles de la sección.

Acuérdate

Mientras lees, pregúntate de qué trata cada párrafo. Los subtítulos de los párrafos te ayudarán a saber qué información puedes encontrar en ellos.

BUSCAR EVIDENCIAS

Mira las páginas 346 y 347. Observa los subtítulos y piensa en cómo la autora organiza los detalles sobre los incendios forestales. Completa la tabla para mostrar qué información se muestra en cada sección.

Rescate de personas	Rescate de animales

Tu turno Vuelve a leer la última oración de "Al rescate". ¿Cómo conecta la autora las dos secciones del texto en una reflexión final o enunciado de cierre?

Integrar

HACER CONEXIONES

ESTUDIOS SOCIALES

¿Qué aprendiste de las selecciones que has leído y de la foto de abajo sobre cómo cambia la Tierra?

COLABORA

Coméntalo Mira la foto y lee la leyenda. Comenta los efectos de un volcán en la antigua ciudad de Pompeya.

Cita evidencias **Subraya** evidencia en la leyenda que cuente lo que pasó en Pompeya. **Encierra en un cuadrado** el año en que sucedió. En la foto, **encierra en un círculo** el volcán Vesubio.

Escribe Las selecciones que leí y esta foto me

sirvieron para entender que ______________________

____

____

____

____

____

____

Acuérdate

Completa estas oraciones para comparar las erupciones volcánicas y los incendios forestales.

Un volcán puede estallar y...

Una erupción volcánica causó...

A veces, no es seguro en caso de un incendio forestal...

La ciudad de Pompeya fue destruida cuando el monte Vesubio entró en erupción en el año 79 d. C. El volcán enterró la ciudad bajo varios metros de cenizas. Esta fotografía muestra las ruinas de la ciudad con el volcán en el fondo.

Presentar el trabajo

COLABORA

Planea con tu compañero cómo presentarán los dibujos sobre cambios en la Tierra. Consulten la lista de verificación de Comprobar la presentación. Comenten estas oraciones incompletas y escriban sus respuestas.

Un dato interesante que aprendí sobre la Tierra es ____________

____

Me gustaría aprender más sobre ____________________

____

____

Comprobar la presentación

- ☐ Concéntrate en el tema de la presentación.
- ☐ Muestra tus dibujos al público.
- ☐ Túrnate con tu compañero para hablar. Escucha mientras tu compañero habla.
- ☐ Mira al público mientras hablas.

Coméntalo

Pregunta esencial

¿Qué nos gusta de la naturaleza?

COLABORA

¡La naturaleza puede ser muy emocionante! Algunas personas escriben poemas sobre la naturaleza. Hay muchos temas de la naturaleza sobre los cuales escribir.

Comenta con un compañero por qué alguien puede haber tomado esta fotografía. Luego, indica qué te resulta interesante de la naturaleza. Anota tus ideas en la red.

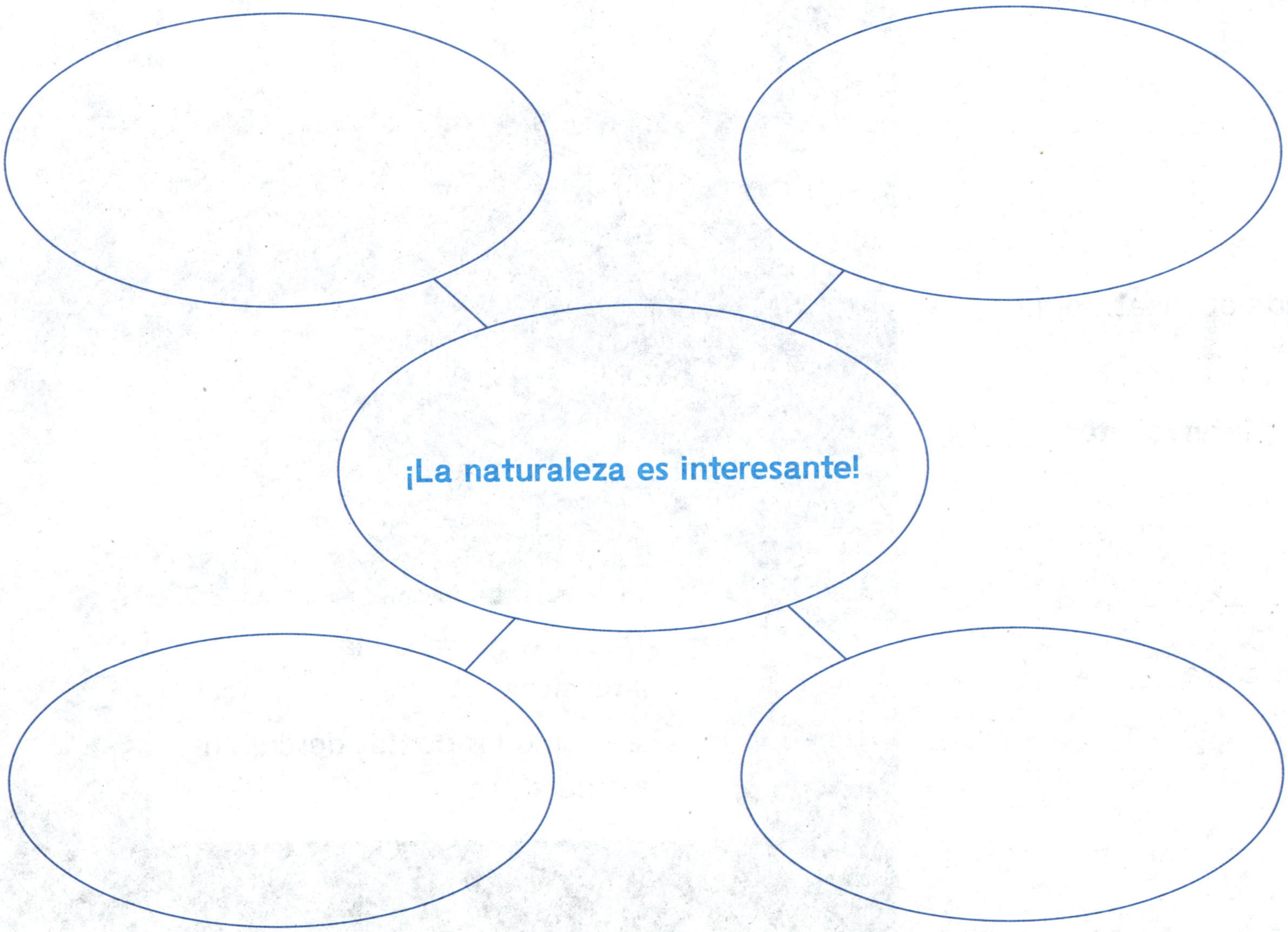

LECTURA COMPARTIDA

TOMA NOTAS

Hacer preguntas te ayuda a comprender tu propósito de lectura. Antes de leer, escribe una pregunta aquí.

A medida que leas, toma nota de:

Palabras interesantes

Detalles clave

Nubes

Pregunta esencial

¿Qué nos gusta de la naturaleza?

Lee cómo los poetas describen la naturaleza.

Abajo puro **verdor**.
Arriba un azul de mar.
Recostados **afuera** en la hierba,
vemos las nubes pasar y pasar.
Pasa una nube con forma de oveja.
Pasa una nube con forma de perro.
Pasa una nube con forma de gato
sobre el **tejado** y dice *miau*.
¿Miau? Las nubes no dicen *miau*,
pero a nosotros nos **gusta** inventar
cuando miramos en el cielo azul
el tren de las nubes pasar y pasar.

María Furquet

BUSCAR EVIDENCIAS

Leer

Versos 1 a 4

Antónimos

Subraya dos palabras que son antónimos.

Versos 5 a 12

Hacer inferencias

Encierra en un círculo la frase que se repite. ¿Cuánto tiempo crees que está viendo las nubes la poeta? ¿Por qué crees eso?

____

____

Releer

Técnica de la autora

¿Qué palabra usa la poeta en la última línea para describir a las nubes por su forma de pasar y pasar?

LECTURA COMPARTIDA

BUSCAR EVIDENCIAS

Leer

Repetición

Encierra en un círculo las palabras que se repiten en el poema. ¿Qué estación quiere describir el poeta?

____

Fluidez

En turnos, lee el poema con un compañero. Usa la puntuación para leer de manera pausada y con expresión.

Releer

Técnica del autor

¿Cómo describe el poeta lo que sienten los árboles en esta estación? Comenta ejemplos del poema.

Poema

La otra tarde se ha llevado
el viento más hojas secas.
¡Qué pena tendrán los árboles
esta noche sin estrellas!

Parece que están soñando
con sus pobres hojas secas;
yo les digo: ¡no lloréis!,
ya vendrán las hojas nuevas.

Juan Ramón Jiménez

Pinko-makiri/Flickr/Getty Images

stumayhew/Flickr/Getty Images

Conversación

Amigo mío,
en la distancia,
miro
la mano de tu alta copa
que me grita "hola".

Amigo mío,
en la distancia,
siento
que tu amistad y tronco
son mi apoyo y mi abrigo.

Yolanda Blanco

Haz conexiones

¿Qué poema te gustó más? ¿Qué te gusta de lo que cuenta sobre la naturaleza?

BUSCAR EVIDENCIAS

Leer

Versos 6 a 10

Verso libre

Encierra en un círculo los sentimientos que expresa la poeta hacia el árbol.

Tema

¿Qué idea quiere resaltar la poeta?

____

____

____

Releer

Técnica de la autora

¿Por qué la poeta elige la palabra *abrigo* para referirse al árbol?

Vocabulario

A partir de las oraciones, conversa con un compañero acerca de cada palabra. Luego, responde las preguntas.

afuera

Jugamos al fútbol **afuera**.

¿A qué juegas afuera?

gustar

Al público le **gustó** la danza.

¿Qué espectáculo o evento te gusta?

tejado

A mi gato le gusta tomar sol sobre el **tejado**.

¿Qué más puede haber sobre el tejado?

verdor

Las gotas resaltan el **verdor** de la hoja.

¿Qué verduras se destacan por su verdor?

Tu lista de palabras En tu cuaderno de escritura, escribe una definición de una palabra interesante de un poema. Luego escribe una oración con la palabra.

Términos de poesía

aliteración

Hay **aliteración** en un poema si hallas palabras con los mismos sonidos.

Da un ejemplo de aliteración con tres palabras que comiencen con los mismos sonidos.

verso libre

Los poemas con **verso libre** no tienen rima.

¿Qué tipo de poemas te gustan más: con rima o con verso libre? ¿Por qué?

____

____

repetición

Hay **repetición** cuando se escribe más de una vez una palabra o frase.

¿Por qué un poeta querría usar la repetición en un poema?

____

____

antónimos

Claro y *oscuro* son **antónimos** porque tienen significados opuestos.

¿Cuál es el antónimo de *rápido*?

____

____

Antónimos

Los antónimos son dos palabras que tienen significado opuesto, o contrario. Por ejemplo, las palabras *frío* y *caliente* son antónimos.

BUSCAR EVIDENCIAS

En "Poema" veo que el poeta usó la palabra secas *para referirse a las hojas viejas, es decir, como opuesto a* nuevas. *Esto me ayuda a ver el cambio entre las estaciones.*

Tu turno Busca antónimos de las siguientes palabras en "Nubes" y "Poema".

adentro ______________________________

alegría ______________________________

Escribe una oración usando un par de antónimos.

Repetición

Los poetas usan la repetición de palabras o frases para que su poema suene como una canción o para resaltar su significado.

BUSCAR EVIDENCIAS

Cuando leo "Conversación" en voz alta, noto la repetición de algunas palabras y frases. Vuelvo a leer el poema y presto atención a las palabras que se repiten.

Página 63

Amigo mío,
en la distancia,
miro
la mano de tu alta copa
que me grita "hola".
Amigo mío,
en la distancia,
siento
que tu amistad y tronco
son mi apoyo y mi abrigo.

La poeta repite amigo mío. *Esta repetición resalta el significado del poema.*

COLABORA

Tu turno Vuelve a leer el poema. Escribe otra parte que se repite. ¿Cómo te ayuda la repetición a visualizar lo que ve la poeta?

____

____

____

____

____

Serg64/Shutterstock

Verso libre

Los poemas con verso libre, como "Conversación", muestran los pensamientos o sentimientos del poeta. Los poemas con verso libre no tienen rima. Pueden tener lenguaje figurado.

De lectores a escritores

Al escribir poesía, usa imaginería para expresar tus ideas o sentimientos. La imaginería es el uso de descripciones que ayudan al lector a crear una imagen mental de lo que el poeta quiere expresar.

BUSCAR EVIDENCIAS

Sé que "Conversación" es un poema de verso libre. Cuenta lo que siente la poeta por el árbol. El poema no tiene rima.

Página 63

Conversación

Amigo mío,
en la distancia,
miro
la mano de tu alta copa
que me grita "hola".

Amigo mío,
en la distancia,
siento
que tu amistad y tronco
son mi apoyo y mi abrigo.

Yolanda Blanco

Haz conexiones

¿Qué poema te gustó más? ¿Qué te gusta de lo que cuenta sobre la naturaleza?

Este poema tiene verso libre. No tiene palabras que rimen al final de los versos.

COLABORA

Tu turno Vuelve a leer los poemas "Nubes" y "Poema". Indica por qué no son de verso libre.

____

____

____

____

Tema

El tema es el mensaje principal o la lección. Identificar los detalles clave en un poema te ayudará a saber cuál es el tema.

Acuérdate

Cuando leas un poema, busca palabras y frases descriptivas. Esas pistas pueden ayudarte a hallar el mensaje, o tema, principal del poema.

BUSCAR EVIDENCIAS

Volveré a leer "Poema" y buscaré pistas para saber cuál es el tema. En el segundo verso, el poeta dice que el viento se lleva las hojas secas de los árboles. Creo que esta descripción es un detalle clave sobre el poema y una pista sobre el tema.

Pista
El viento se lleva las hojas secas de los árboles.

COLABORA

Tu turno Vuelve a leer "Poema" en la página 62. Busca otras dos pistas y escríbelas en el organizador gráfico. Luego, escribe el tema en la última caja del organizador gráfico.

Pista

El viento se lleva las hojas secas de los árboles.

↓

Pista

↓

Pista

↓

Tema

Releer | LECTURA COMPARTIDA

Responder a la lectura

COLABORA

Comenta la pregunta de abajo. Piensa en cómo te ayuda el poeta a comprender sus pensamientos o sentimientos. Consulta tus notas y el organizador gráfico para contestar.

Elige uno de los poemas. ¿Cómo te ayuda el poeta a comprender el tema del poema?

Acuérdate

Completa estas oraciones para organizar la evidencia del texto.

El poema que elegí es...

El/La poeta describe...

El/La poeta piensa...

El/La poeta me ayuda a comprender...

Enlace gramatical

A medida que escribas tu respuesta, comprueba que los verbos en presente se correspondan con los sujetos de tus oraciones. No agregues *-n* o *-mos* a un verbo en presente si el sujeto es singular.

Integrar | BÚSQUEDA E INVESTIGACIÓN

CIENCIAS

Desarrollar y seguir un plan de investigación

Crea un plan con los pasos a seguir durante tu investigación. Un plan de investigación puede incluir los siguientes pasos:

1. Hacer preguntas sobre el tema.
2. Identificar fuentes de información.
3. Tomar notas.
4. Ordenar la información.

Acuérdate

Haz un plan con las diferentes destrezas de investigación que aprendiste. Puedes cambiar el plan a medida que aprendas más sobre el ciclo del agua.

Investigarás sobre el ciclo del agua, o las formas que toma el agua en su recorrido por la Tierra. Escribe ideas para fuentes de información sobre el ciclo del agua.

____

____

COLABORA

Diagrama del ciclo del agua Con un compañero, investiga cómo es el ciclo del agua. Desarrollen y sigan un plan de investigación. Luego, hagan un diagrama que muestre las etapas del ciclo del agua.

Estos patos viven en un lago. El lago forma parte del ciclo del agua.

Getty Images/Flickr RF

Releer | TEXTO PRINCIPAL

Antología de literatura, páginas 348-351

Viva el sol de la mañana

¿Cómo usa la repetición el poeta de "Viva el sol de la mañana" para hablar del sol?

COLABORA

Coméntalo Vuelve a leer la página 349. Comenta por qué el poeta repite "¡Viva el sol!".

Cita evidencias Escribe qué personas y animales dicen "¡Viva el sol!".

Escribe El poeta repite "¡Viva el sol!" para ______________________

____

____

Acuérdate

Los poetas usan la repetición para reforzar una idea que es importante en el poema.

Hacer inferencias

Vuelve a leer los detalles sobre quiénes disfrutan del sol. ¿Por qué lo disfrutan?

Lluvia

¿Por qué el poeta describe a la lluvia de ese modo en el poema "Lluvia"?

COLABORA

Coméntalo Vuelve a leer la página 350. Comenta cómo describe el poeta a la lluvia.

Cita evidencias Escribe tres detalles descriptivos sobre la lluvia en el poema y, luego, explica esa descripción.

Detalle

Detalle

Detalle

La lluvia...

Escribe El poeta describe la lluvia de ese modo para ______

____

____

Acuérdate

Al chapotear en el agua o el lodo, se oye un ruido. La palabra *chapotear* puede describir ese ruido.

Evaluar información

El poeta usa detalles descriptivos como *verdor* y *cantos* para mostrar que le gusta cuando llueve. ¿Qué otros detalles incluye en sus descripciones?

Responder a la lectura

COLABORA

Comenta la siguiente instrucción. Al responder la pregunta, asegúrate de tener en cuenta lo que ya sabes sobre lenguaje figurado, repetición y poesía de verso libre.

¿Cómo seleccionan los poetas las palabras para decir qué les gusta de la naturaleza?

____

____

____

____

____

____

____

____

____

Acuérdate

Completa estas oraciones para organizar la evidencia del texto.

En el primer poema, el poeta repite...

En el segundo poema, el poeta usa las palabras...

Mis lecturas

Elige más poemas y léelos. A medida que lees, haz conexiones con las ideas de otros textos que hayas leído o con tus propias experiencias. Elige un poema que te guste. En tu cuaderno de escritura, escribe una nota de agradecimiento al poeta en la que cuentes la conexión que hiciste.

Releer | LECTURA COMPLEMENTARIA

Media luna

¿Cómo se relaciona la ilustración con el poema?

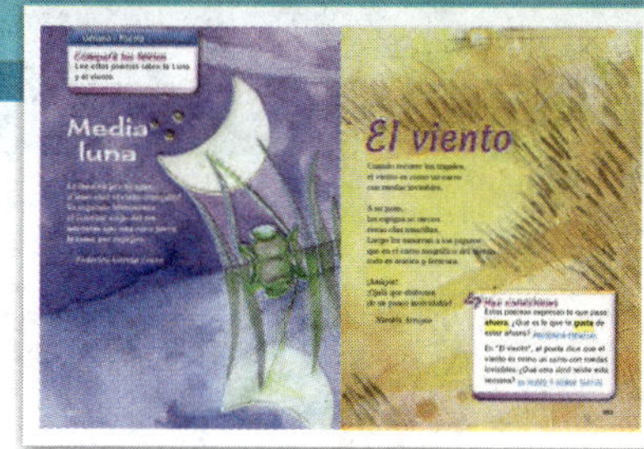

Antología de literatura, páginas 352-353

COLABORA

Coméntalo Lee el poema y mira la ilustración de la página 352. Comenta lo que ves.

Cita evidencias Escribe detalles del poema sobre la luna, el río y la rana que aparecen en la ilustración.

Detalles

Escribe La ilustración se relaciona con el poema porque muestra ______________________________

____

____

Acuérdate

En el poema dice que el cielo "va segando lentamente el temblor viejo del río". Segar quiere decir 'cortar algo que sobresale'. El poeta usa lenguaje figurado para describir cómo la luna se mueve en la superficie del río. El poeta imagina que la luna "va cortando" el temblor, o las olas, del río para dejarlo liso y tranquilo.

El viento

¿Cómo muestra el poeta la acción del viento?

COLABORA

Coméntalo Vuelve a leer la página 353. Comenta cómo se describen el viento y los trigales.

Cita evidencias Escribe detalles del poema y de la ilustración que te muestran la acción del viento.

Detalles

Escribe El poeta muestra la acción del viento ______________________

____

____

Acuérdate

Intenta visualizar un carro en movimiento y las olas. Esas imágenes pueden ayudarte a comprender la sensación del viento que se describe en el poema. La ilustración del poema ayuda a imaginar esa sensación.

Don Hammond/age fotostock

Lenguaje figurado

El lenguaje figurado es el uso de una palabra o frase para hablar de otra cosa. Un símil o una metáfora son ejemplos de lenguaje figurado. Ambos comparan dos cosas. La diferencia es que una metáfora es una comparación sin la palabra *como*. Los poetas usan lenguaje figurado para describir sentimientos o crear imágenes en la mente del lector.

BUSCAR EVIDENCIAS

Vuelve a leer "El viento" en la página 353. ¿Qué ejemplos de lenguaje figurado hay?

____

____

COLABORA

Tu turno ¿Qué quiere decir que las espigas "susurran" cuando pasa el viento? ¿Por qué crees que el poeta elige esa palabra?

____

____

____

____

Acuérdate

En "El viento" sabes que el poeta hace comparaciones porque usa la palabra *como*. Al comparar algo con otra cosa, puedes visualizar mejor lo que se describe en el poema.

De lectores a escritores

Puedes usar lenguaje figurado cuando escribas poemas para expresar tus sentimientos. Piensa cómo se expresan sentimientos en el siguiente ejemplo:

El sol de la mañana nos recibe con una sonrisa.

Integrar

HACER CONEXIONES

¿Qué aprendiste de los poemas y la pintura sobre la manera en que se expresan sentimientos por la naturaleza?

Coméntalo Comenta cómo pintó este artista el cielo y la tierra. ¿Por qué crees que pintó esta escena?

COLABORA

Cita evidencias **Subraya** la descripción de la escena en la leyenda. Comenta qué sentirías si estuvieras allí.

Escribe Las imágenes en los poemas y la pintura me ayudan a

___

___

___

___

___

___

___

___

Acuérdate

Piensa en tus sentidos y completa estas oraciones.

Al ver la pintura, puedo imaginar...

En la pintura, veo...

Esta pintura de Martin Johnson Heade, que se titula en español *Lluvia repentina,* muestra un paisaje en medio de una tormenta.

Fraseo

Un fraseo correcto consiste en la lectura de palabras por grupos de modo que suenen de forma natural. Las comas, los puntos y los signos de interrogación y de exclamación te ayudan a agrupar las palabras. La puntuación también ayuda a comprender mejor el significado del poema.

Página 61

Abajo puro verdor.
Arriba un azul de mar.
Recostados afuera en la hierba,
vemos las nubes pasar y pasar.

La coma te muestra dónde hacer una pausa a medida que lees el poema.

Acuérdate

No te apresures al leer un poema en voz alta. Lee a un ritmo que ayude a tus oyentes a comprender cada palabra del poema. Haz una breve pausa después de una coma y una pausa más larga cuando termina una oración, por ejemplo, después de un punto.

COLABORA

Tu turno Túrnense con un compañero para leer "Nubes" en la página 61. Presten atención a la puntuación y agrupen palabras en frases. Luego, piensen cómo leyeron. Completen estas oraciones.

Esta vez, recordé ______________________________

____

La próxima vez, ______________________________

____

Texto modelo

Antología de literatura, páginas 348–351

Características de la poesía de verso libre

Los autores escriben poesía de verso libre para expresar sus pensamientos o sentimientos sobre temas que son importantes para ellos.

- La poesía de verso libre no tiene rima.
- Puede incluir palabras sensoriales y lenguaje figurado.

gramatiNOTAS

A menudo en poesía se usan oraciones en las que no se indica ninguna acción, es decir, oraciones que no están completas con sujeto y predicado, como "¡Fresco verdor de campos!". Eso puede agregarle expresividad al poema.

Analiza el texto modelo Estudiar "Lluvia" te ayudará a aprender a escribir poesía de verso libre. Vuelve a leer la página 350 de la **Antología de literatura** y responde las siguientes preguntas.

¿Por qué la palabra *desmadejan* es lenguaje figurado?

____

____

¿Cómo se usa el lenguaje figurado para mostrar que los pájaros cantan?

____

____

Planificar: Lluvia de ideas

Genera ideas Escribirás un poema sobre el estado del tiempo o la estación que más te gusta. Usa este espacio para indicar tus ideas. Haz una lluvia de ideas con palabras y dibujos de estados del tiempo que te parezcan interesantes o estaciones que te gusten. Puedes desarrollar tus ideas en forma de oraciones.

Acuérdate

Piensa en cómo estuvo el tiempo recientemente en el lugar donde vives. Escribe algunas palabras u oraciones sobre eso. Escribe también sobre la estación. Los programas de televisión o libros sobre el tiempo también pueden darte ideas interesantes.

Planificar: Elige un tema

COLABORA

Instrucciones Escribe un poema de verso libre sobre un fenómeno meteorológico interesante o sobre la estación que más te guste. Consulta las ideas que anotaste en la página 81. Completa estas oraciones como punto de partida.

Mi tema es ______________________________

____

Creo que este fenómeno/esta estación es interesante porque

____

____

Algo que me gusta mucho sobre este fenómeno o estación es

____

____

Propósito y público Piensa por qué elegiste escribir sobre ese tiempo o esa estación. Luego, en tu cuaderno de escritura, explica tu propósito para escribir tu poema.

Acuérdate

Entre tu público puede haber lectores que tienen sus propias opiniones sobre el tiempo o la estación. Piensa en las palabras que mostrarán con claridad a tus lectores qué piensas y sientes tú sobre este tema.

Planificar: Selección de palabras

Palabras sensoriales Las palabras sensoriales describen cómo se ve, siente u oye algo. En "Lluvia", el autor usa la palabra *chapotear* para describir el ruido que hace la lluvia. Las palabras *hilitos de agua* describen cómo se ve la lluvia. Piensa en palabras sensoriales para describir la primavera. Escríbelas en la tabla de palabras sensoriales de abajo.

Tema: La primavera		
Cómo se ve	Cómo se siente	Cómo se oye

Acuérdate

Palabras como *azul, cuadrado* y *grande* describen cómo se ve algo. Palabras como *blando, resbaladizo* y *frío* describen cómo se siente algo. Palabras como *fuerte, suave* y *aullido* describen cómo se oye algo.

Ariel Skelley/Getty Images

Planificar Haz en tu cuaderno de escritura una tabla como la de arriba para planear tu poema. Piensa en fuentes de referencia, como un diccionario, donde puedas encontrar palabras sensoriales.

Hacer un borrador

COLABORA

Patrones visuales Los poemas pueden organizarse en grupos de versos llamados estrofas. Mira la primera estrofa de "Conversación". La poeta divide la oración en versos. De esa manera, resalta el sentido de las palabras de cada verso.

> Amigo mío,
> en la distancia,
> miro
> la mano de tu alta copa
> que me grita "hola".

Ahora usa esta estrofa como modelo para tu poema. Organiza tu poema con uno o más grupos de versos.

____

____

Haz un borrador Mira la tabla de palabras sensoriales que hiciste. Úsala como guía para escribir un borrador de tu poema de verso libre en tu cuaderno. Organiza tu borrador en grupos de versos, o estrofas.

Revisar

Selección de palabras Los poetas usan palabras expresivas y precisas para ayudar a los lectores a crear imágenes en su mente. Por ejemplo, "jardín de flores" es más preciso que "jardín". "Helado" es más expresivo que "frío".

Con un compañero, lee el borrador de un poema sobre una tormenta. Luego, revísalo agregando y reemplazando palabras para describir la tormenta.

Los árboles se mueven por el viento.

Las olas del mar van y vienen en la playa.

La lluvia cae de las nubes.

Revisar Es el momento de revisar tu poema. Elige palabras precisas y expresivas que muestren claramente tus sentimientos y pensamientos.

Enlace gramatical

Recuerda revisar que los verbos se correspondan con los sujetos. Por ejemplo, si hablas desde el punto de vista de unos niños y usas el verbo *ir*, debes decir *vamos* y no *voy*.

También revisa que los verbos estén en el tiempo correcto. Por ejemplo, en lugar de *vamos* usarías *fuimos* para indicar que se trata de un recuerdo y que eso ya pasó.

gramatiNOTAS

En "Lluvia", el autor describe las gotas como *hilitos de agua*. Intenta pensar palabras y frases que ayuden al lector a imaginarse cosas comunes de formas nuevas e interesantes.

Revisar: Charlas entre compañeros

COLABORA

Revisión del borrador Escucha con atención mientras tu compañero lee su texto en voz alta. Comenta lo que te gustó del borrador. Haz sugerencias que ayuden a mejorar su texto.

Sugerencias de compañeros Escribe una de las sugerencias de tu compañero que aplicarás en la revisión de tu poema.

A partir de la sugerencia de mi compañero, voy a ____________

____

____

Después de hacer sugerencias, comenten su charla entre compañeros. ¿Qué fue útil? ¿Qué podrían hacer de otra manera la próxima vez?

____

____

Revisión Consulta la lista de verificación de Comprobar la revisión para pensar qué partes debes modificar, añadir o eliminar. Recuerda consultar las pautas de calificación de la página 89 como ayuda.

Acuérdate

Completa estas oraciones para comentar el trabajo de tu compañero.

Las palabras sensoriales me ayudaron a...

Tal vez puedas añadir más palabras que describan...

No estoy seguro de cómo te sientes acerca de...

Comprobar la revisión

- ☐ ¿Tiene mi poema palabras sensoriales?
- ☐ ¿Uso palabras precisas y expresivas?
- ☐ ¿Tiene lenguaje figurado?
- ☐ ¿Es un poema de verso libre?

Corregir

Al **corregir** tu texto, buscas errores y los enmiendas. Si lees un borrador varias veces, estarás seguro de no pasar por alto ningún error. Consulta la lista de verificación de Comprobar la corrección al revisar tus oraciones.

Enlace gramatical

Al corregir, asegúrate de que usaste el tipo de puntuación correcto para cada verso de tu poema.

Comprobar la corrección

- ☐ ¿Comienzan todas las oraciones con mayúscula y tienen los signos de puntuación adecuados?
- ☐ ¿Comienzan con minúscula los versos que son partes de oraciones?
- ☐ ¿Están bien usados los tiempos verbales?
- ☐ ¿Están las palabras escritas correctamente?

Escribe dos errores que hayas encontrado al corregir tu texto.

1. ______________________________

____

2. ______________________________

____

Publicar, presentar y evaluar

Publicación Haz una copia final en limpio y sin errores de tu poema en verso libre. Cuando escribas tu borrador final, asegúrate de que sea prolijo y legible. Puedes agregar ilustraciones, un diagrama u otros elementos visuales para hacer más interesante tu trabajo publicado.

Presentación Cuando estés listo para presentar tu trabajo, ensaya la presentación. Consulta la lista de verificación de Comprobar la presentación.

Evaluación Después de publicar y presentar tu poema, lee las pautas de calificación en la página 89 para evaluarlo.

1. ¿Qué te quedó bien en el texto? ______________________

____

____

2. ¿Qué partes requieren más trabajo? ______________________

____

____

____

Comprobar la presentación

- ☐ Siéntate o párate erguido.
- ☐ Mira a diferentes personas del público.
- ☐ Habla a un volumen lo suficientemente alto para que todos te escuchen.
- ☐ Lee tu poema con expresividad.
- ☐ Haz una breve pausa después de cada oración de tu poema.

Escuchar Al escuchar activamente, prestas atención a lo que oyes. Cuando escuches las presentaciones de otros estudiantes, toma notas para comprender mejor sus ideas.

De la presentación de ....

aprendí:____

Preguntas que tengo acerca de la presentación de

....:

____

Saber escuchar

- ☐ Mira a la persona que habla.
- ☐ Muestra que estás atento con lenguaje corporal.
- ☐ Piensa qué siente el hablante acerca del tema.
- ☐ Identifica qué cosas hace bien el hablante.
- ☐ Piensa en comentarios útiles.

4	3	2	1
• Expresa claramente sus pensamientos y sentimientos sobre el tema. • Usa muchas palabras sensoriales. • Incluye palabras precisas y expresivas. • Usa el verso libre de forma efectiva. • Casi no tiene errores.	• Se centra en el tema y expresa sus pensamientos y sentimientos. • Usa palabras sensoriales. • Incluye palabras precisas y expresivas. • La estructura corresponde a la de un poema en verso libre. • Tiene pocos errores.	• Se centra un poco en el tema. • Usa pocas palabras sensoriales. • Incluye pocas palabras precisas o expresivas. • No tiene una estructura clara. • Hay varios errores que distraen la atención del significado del poema.	• No se centra en el tema. • No usa palabras sensoriales. • Las palabras no son precisas y no hay variedad de palabras. • No usa el verso libre. • Hay muchos errores y hacen que el poema sea difícil de entender.

LO QUE APRENDISTE

Repaso en espiral

En la Unidad 4, aprendiste nuevas destrezas y estrategias que te ayudarán a leer y comprender textos. Es hora de practicar lo que aprendiste.

- **Símiles**
- **Claves de contexto**
- **Antónimos**
- **Comparar y contrastar**
- **Causa y efecto**
- **Subtítulos**
- **Tema**

Conectar con el contenido

- **Carta de agradecimiento**
- **Guía de juego**
- **Leer en línea**

Lee la selección y elige la mejor respuesta a cada pregunta.

Ríos de hielo

National Oceanic and Atmospheric Administration (NOAA)

¿Qué son los glaciares?

1 Un glaciar es una gran masa de hielo. A los glaciares se los llama "ríos de hielo". Eso es porque se mueven como ríos muy lentos.

2 Hay dos tipos principales de glaciar. Uno es una capa de hielo que se extiende a lo largo de una enorme porción de tierra. El otro se forma en las montañas y desciende hacia los valles.

¿Cómo se forman?

3 La nieve que cae forma glaciares. En las montañas altas, cae nieve y no se derrite. Más tarde, cae más nieve sobre la nieve anterior. Después de muchos años, la nieve se compacta. Se convierte en hielo.

4 Con el tiempo, un glaciar se vuelve muy pesado. El peso hace que se mueva.

5 Al moverse, los glaciares cambian la superficie de la Tierra. Dan forma a las montañas y rompen rocas enormes. Los glaciares arrastran roca y tierra y, cuando se derriten, dejan toda esa roca y tierra depositada.

¿Dónde hay glaciares?

6 Donde hay montañas altas, hay glaciares. Los glaciares cubren una décima parte de la Tierra.

7 La mayor parte del agua dulce de la Tierra está en los glaciares. El agua derretida de los glaciares se usa para beber en algunos lugares.

8 Los científicos estudian glaciares que tienen miles de años. De ellos aprenden sobre el clima de hace mucho en la Tierra.

¿Por qué pueden ser peligrosos?

9 Cuando un glaciar llega al océano, se desprenden partes de él. Esos *icebergs* pueden dañar los barcos. Los glaciares también son peligrosos para los escaladores porque tienen grietas profundas que pueden abrirse rápidamente.

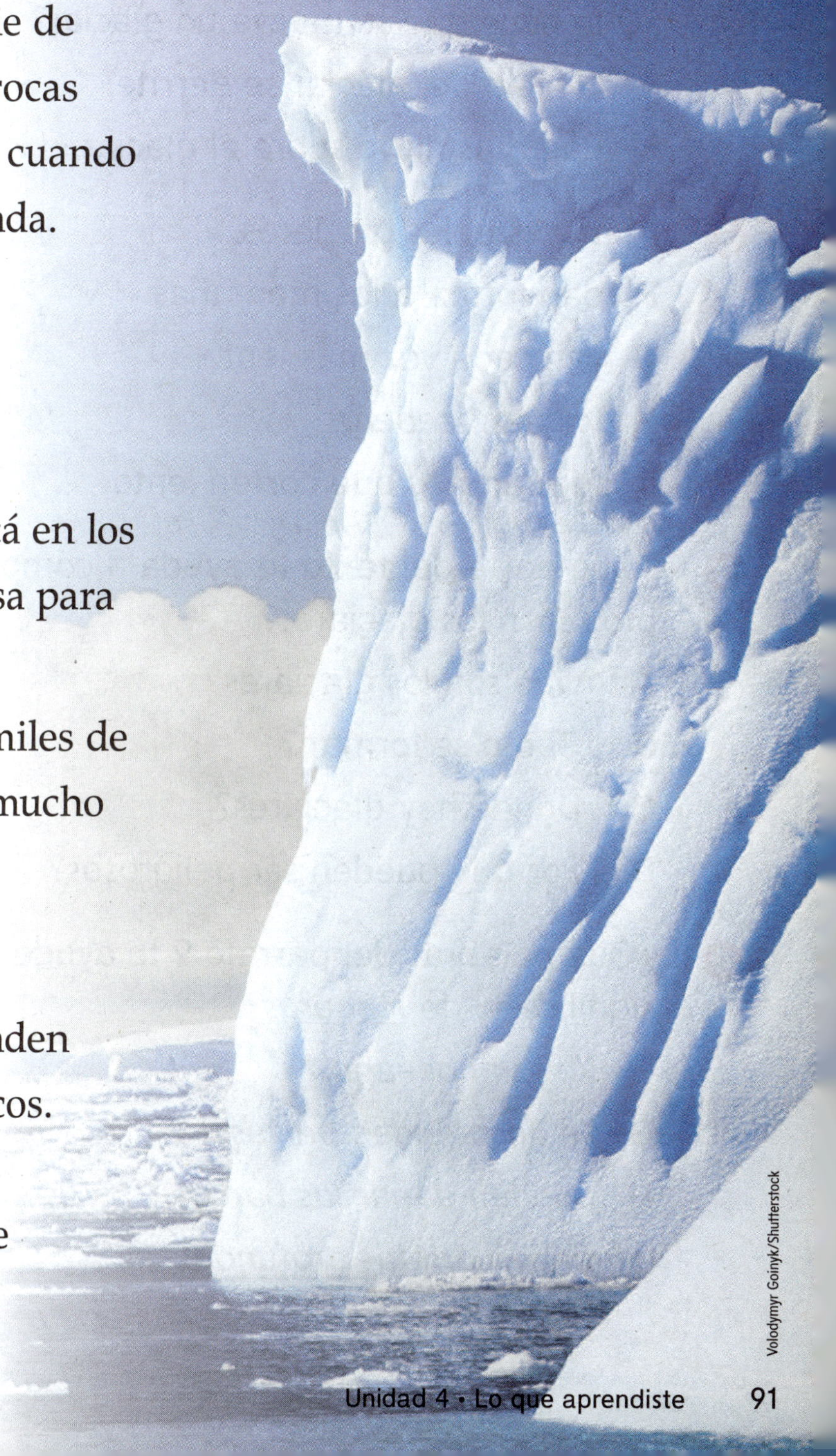

LO QUE APRENDISTE

1. ¿Qué hace que se mueva un glaciar?
   - **A** El hielo del glaciar se derrite.
   - **B** Cae más nieve sobre el glaciar.
   - **C** El glaciar se hace muy pesado.
   - **D** La nieve se convierte en hielo.

2. Al moverse, los glaciares...
   - **F** dan forma a las montañas.
   - **G** van cada vez más lento.
   - **H** forman *icebergs*.
   - **J** forman ríos que corren lento.

3. ¿Qué parte del texto te ayuda a comprender cómo se producen los glaciares?
   - **A** ¿Qué son los glaciares?
   - **B** ¿Cómo se forman?
   - **C** ¿Dónde hay glaciares?
   - **D** ¿Por qué pueden ser peligrosos?

4. ¿Qué palabras del párrafo 9 te ayudan a comprender el significado de *icebergs*?
   - **F** *llega al océano*
   - **G** *se desprenden partes*
   - **H** *pueden dañar los barcos*
   - **J** *tienen grietas profundas*

Acuérdate

Para descubrir la causa de un suceso, pregúntate: *¿Por qué?* Para descubrir el efecto de un suceso, pregúntate: *¿Qué sucedió como resultado?* A veces, una causa puede tener más de un efecto.

Lee los poemas y elige la mejor respuesta a cada pregunta.

Ballena azul

¿La ballena sabe que es azul como el cielo de la tarde?

Tal vez, cuando nada en las profundidades del océano, se siente una pluma ligera.

Sale a respirar y su chorro se eleva hasta las nubes.

Su cola baila como una mariposa nocturna y su lustrosa piel refleja los rayos del sol como fuegos artificiales...

La ballena se siente feliz y poderosa.

Sonríe con sus barbas y vuelve a sumergirse en su mundo azul.

Vamos a pensar en ti, ballena. Entre todos te vamos a cuidar.

Sueños

Anoche soñé que era un río veloz y caudaloso.

Un río de aguas transparentes y dulces como la limonada de mamá.

Desde una montaña, me precipité hacia abajo.

Pasé por un bosque verde y escuché el canto de aves de mil colores.

Seguí mi camino atravesando un pueblo blanco. La nieve caía sobre los tejados. Los copos se derretían al tocar mi agua.

Más adelante llegué a un valle de lavanda. Las flores me saludaban al pasar con sus pétalos violetas.

Al final del recorrido, vi una inmensidad azul. Corrí hacia ella.

Me desperté convertido en mar.

1 ¿En qué se parecen los dos poemas?

A Tratan sobre la naturaleza.

B Tratan sobre ballenas.

C Tratan sobre sueños.

D Tratan sobre el ciclo del agua.

2 En los primeros versos de “Ballena azul”, el poeta usa un símil para...

F mostrar cómo se ve la ballena por la tarde.

G describir el color azul.

H describir el cielo.

J describir a la ballena.

3 ¿Qué palabra significa lo opuesto de la palabra veloz que aparece en “Sueños”?

A dormido

B lento

C rápido

D agitado

4 Los últimos versos de “Ballena azul” son importantes porque...

F describen el mundo de la ballena.

G muestran por qué el poeta describe la ballena.

H muestran lo que siente el poeta por la ballena.

J indican por qué sonríe la ballena.

Acuérdate

Un símil compara dos o más cosas diferentes que se parecen de alguna manera. Busca la palabra *como* para poder encontrar un símil.

AMPLÍA LO QUE APRENDISTE

Comparar géneros

COLABORA

Vuelve a leer el poema "Viva el sol de la mañana" en la página 349 de la **Antología de literatura**.

- ¿Cómo muestra sus sentimientos el poeta en el poema de verso libre?

____

____

Repasa el texto expositivo "Los volcanes" en las páginas 334 a 345 de la **Antología de literatura**.

- ¿Qué detalles sobre los volcanes muestra la autora en las fotografías de las páginas 340 y 341?

____

____

Habla sobre cómo los autores del poema y del texto expositivo escribieron sobre la naturaleza. Luego, usa el organizador gráfico de la página 97 para mostrar en qué se parecen y en qué se diferencian los dos géneros.

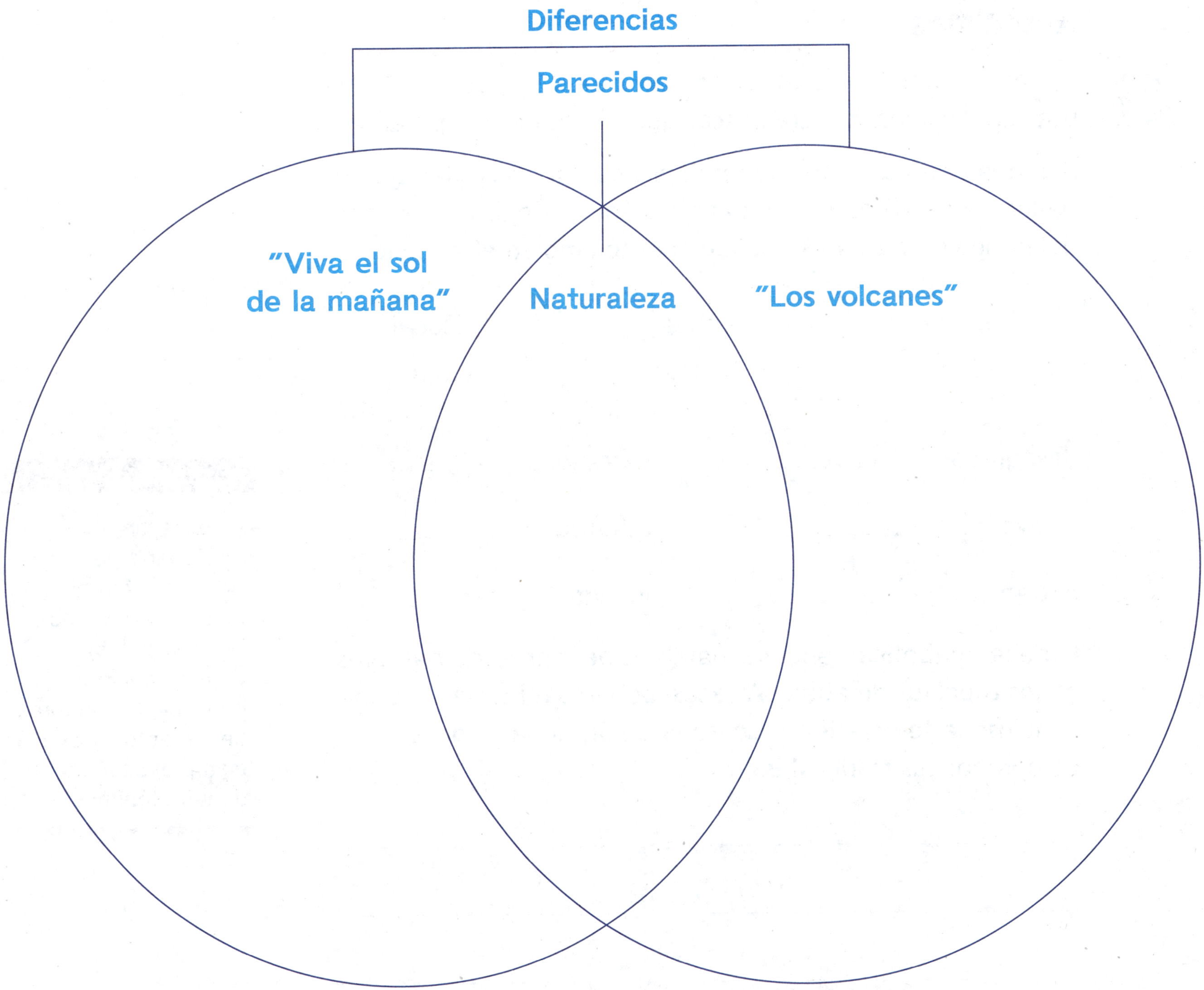
Diferencias
Parecidos
"Viva el sol
de la mañana"
Naturaleza
"Los volcanes"

AMPLÍA LO QUE APRENDISTE

Antónimos

Los antónimos son palabras con significados opuestos. Puedes usar un diccionario para buscar antónimos de una palabra.

Busca la definición de cada palabra que aparece debajo del banco de palabras. Usa la definición para elegir un antónimo del banco de palabras. Escribe el antónimo en el espacio.

afuera	común	local
sólido	gustar	activo

desagradar ____________ extraño ____________

pasivo ____________ adentro ____________

extranjero ____________ líquido ____________

Ordena alfabéticamente las palabras del banco de palabras en los espacios de abajo. A veces, deberás mirar la segunda e incluso la tercera letra. Consulta un diccionario para comprobar tus respuestas.

____________ ____________

____________ ____________

____________ ____________

Acuérdate

A veces, un diccionario de sinónimos también te muestra antónimos. Muchas palabras tienen sinónimos, pero menos palabras tienen antónimos. Por ejemplo, *azul* no tiene antónimos.

Escribir una carta de agradecimiento

COLABORA

Con un compañero, busca un ejemplo de una carta de agradecimiento en línea o impresa. Completa las siguientes partes de la carta:

Encabezado: ____

____

____

Saludo: ____

Despedida y firma: ____

____

Escribe una carta de agradecimiento a un amigo o un miembro de tu familia que hizo algo bueno o especial por ti.

- Incluye un encabezado con tu dirección y la fecha.
- Comienza con un saludo que incluya la palabra *Querido* o *Querida* y el nombre de tu amigo o del miembro de tu familia.
- Concluye con una palabra o frase de despedida, como *Tu amigo*. Debajo de la despedida, incluye tu firma.

Acuérdate

- Incluye un encabezado en la parte de arriba a la derecha de tu carta.
- Incluye una despedida y la firma en la parte de abajo de tu carta.
- Siempre incluye dos puntos después del saludo y una coma después de la despedida.

Tatiana Popova/Shutterstock

AMPLÍA LO QUE APRENDISTE

Guía de juego

Usa recursos impresos o en línea para crear una guía que indique cómo jugar uno de tus juegos favoritos. Puede ser un juego de tu cultura o de otra cultura. Haz una lista con los pasos necesarios para jugarlo.

- Piensa en qué materiales son parte del juego.
- ¿Cuántos pasos se necesitan? Númeralos.
- ¿Qué deben hacer primero los jugadores? ¿Luego? ¿Y al final?
- Recuerda escribir los pasos en el orden correcto.
- Haz dibujos que muestren los pasos para que los jugadores puedan entender mejor las instrucciones.

¿Por qué debes escribir los pasos del juego en un orden que tenga sentido?

Acuérdate

La guía de juego que escribirás es un texto de procedimiento. Cuando escribes un texto de procedimiento, asegúrate de numerar los pasos. Cada paso debe tener sentido y estar escrito en el orden correcto.

COLABORA

Con un compañero, compara tu juego con los juegos que se mencionan en las páginas 330 a 333 de la **Antología de literatura**. ¿En qué se parece el juego que elegiste a los de la selección?

Esperanza para los Everglades

ESTUDIOS SOCIALES

COLABORA

Entra en **my.mheducation.com**. Vuelve a leer el artículo en línea "Esperanza para los Everglades". Observa la información en los elementos interactivos. Luego, responde las siguientes preguntas.

- ¿Por qué era un problema que las personas dependieran de los Everglades para satisfacer sus necesidades?

  ____

  ____

  ____

- ¿Qué están haciendo las personas para ayudar a los Everglades?

  ____

  ____

- ¿Por qué el autor muestra más información sobre las plantas y los animales en los elementos interactivos?

  ____

  ____

Esperanza para los Everglades

Lee sobre cómo las personas trabajan juntas para preservar este lugar único.

Time for Kids: "Esperanza para los Everglades"

RicciPhotos/iStock/Getty Images

EVALÚA TU PROGRESO

¿Qué aprendiste?

Evalúa las destrezas que aprendiste en esta unidad. Encierra en un círculo tus calificaciones en la tabla.

	Excelente	Buena	Regular	Necesita mejorar
Símiles	4	3	2	1
Claves de contexto	4	3	2	1
Antónimos	4	3	2	1
Comparar y contrastar	4	3	2	1
Causa y efecto	4	3	2	1
Subtítulos	4	3	2	1
Tema	4	3	2	1

¿Qué quieres mejorar?

COLABORA

El texto y tú Piensa en los textos que leíste en esta unidad. Conversa con un compañero sobre una conexión personal que hayas hecho con alguno de los textos. Completa la siguiente oración como ayuda.

Hice una conexión con. . . porque. . .

Integrar | BÚSQUEDA E INVESTIGACIÓN

CIENCIAS

Presentar el trabajo

COLABORA

Planea con tu compañero la presentación de cada parte del diagrama del ciclo del agua a la clase. Antes de completar las oraciones de abajo, coméntenlas.

Uno de los datos interesantes que aprendí sobre el ciclo del agua es ______________________________

____

Me gustaría saber más acerca de ______________________________

____

____

Acuérdate

Practica la presentación. Piensa cómo mostrar con lenguaje corporal lo que ocurre con el agua. Lee los rótulos del diagrama. Decide qué información compartirás sobre cada parte.

Comprobar la presentación

- ☐ Recuerda presentar solamente tu parte del diagrama.
- ☐ Señala el diagrama a medida que lo explicas.
- ☐ Habla con claridad y mira al público.
- ☐ Usa y pronuncia correctamente el vocabulario nuevo.